Ágnes Heller
Theorie der Bedürfnisse bei Marx

Wir nehmen das 50. Jahr der Verlagsgründung zum Anlass, aus jedem Jahrzehnt unserer Arbeit ein hellrotes Bändchen mit damals veröffentlichten Texten wieder zugänglich zu machen. Für die 1980er Jahre ist das der zuletzt 1980 erschienene Band von Ágnes Heller.

Ágnes Heller

Theorie der Bedürfnisse bei Marx

Ein hellrotes Bändchen
aus 50 Jahren Verlagsarbeit

VSA: Verlag Hamburg

www.vsa-verlag.de

Der Text folgt – bei aktualisierter Rechtschreibung – der 2. Auflage der deutschen Erstausgabe von 1980; an einigen Stellen haben wir Formulierungen mit der englischen Übersetzung »The Theory of Need in Marx« (erschienen 1976 in London bei Allison & Busby mit einer Einleitung von Ken Coates und Stephen Bodington) verglichen und angepasst.

Druck- und Buchbindearbeiten: CPI books GmbH, Leck
ISBN 978-3-86488-149-6

Inhalt

»Ihr lacht wohl über den Träumer,
der Blumen im Winter sah?«
(Franz Schubert/Wilhelm Müller: »Frühlingstraum«,
in: »Die Winterreise«)

Bemerkungen über die Methodik

Die Analyse der Bedürfnis-Theorie von Marx wurde in der vorliegenden Arbeit aufgrund seiner *Hauptwerke* vorgenommen: sinngemäß und nicht aufgrund einer Inhaltsanalyse seiner sämtlichen Werke. Versierte Leser mögen in diesem gigantischen Lebenswerk gewiss auch auf Bemerkungen stoßen, die dieser oder jener Behauptung oder Folgerung meiner Arbeit widersprechen. Da sich Marx, wie man sehen wird, selbst in den Hauptwerken keiner ganz exakten Terminologie bedient, manchmal mehrere Interpretationen bietet und oft auch nur momentane Ideen niederschreibt, ist dies völlig unvermeidlich. Ich bin überzeugt, dass keinerlei Marx-Interpretierung möglich ist, die man mit Zitaten nicht »widerlegen« könnte. Doch steht »widerlegen« nicht von ungefähr in Anführungszeichen. Was mich interessiert, ist nämlich die *Haupttendenz* seines Denkens. Ich habe versucht, diese Haupttendenz – stellenweise: diese Haupttendenzen – in Bezug auf das gegebene Problem zu untersuchen.

Zu den Zitaten:

Benutzt wurde die Ausgabe Karl Marx/Friedrich Engels: Werke (MEW), Dietz Verlag, Berlin (der Band wird jeweils separat angegeben).

Erstes Kapitel
Vorbemerkungen: Über den Marxschen Bedürfnis-Begriff

Zusammenfassend, was seine originalen ökonomischen Entdeckungen sind, im Vergleich zur klassischen politischen Ökonomie, zählte Marx folgende Theorien auf: 1. Der Arbeiter verkauft dem Kapitalisten nicht seine Arbeit, sondern seine Arbeitskraft. 2. Die Ausarbeitung der allgemeinen Kategorie des Mehrwerts, der Beweis dessen, dass Profit, Zins und Grundrente lediglich Erscheinungsformen des Mehrwerts sind. 3. Die Entdeckung der Bedeutung des Gebrauchswerts. (Die Kategorien Wert bzw. Tauschwert seien nicht neu, die habe er aus der klassischen politischen Ökonomie übernommen, schrieb Marx.)

Untersucht man nun die drei Entdeckungen, die Marx sich selber zuschreibt, ist es nicht schwer nachzuweisen, dass alle drei auf irgendeine Weise auf den Begriff *Bedürfnis* aufgebaut sind.

Betrachten wir zuerst den Gebrauchswert. Die Ware als Gebrauchswert wird von Marx folgendermaßen definiert: »Die Ware ist [...] ein Ding, das durch seine Eigenschaften menschliche Bedürfnisse irgendeiner Art befriedigt.«[1] Ob sie Bedürfnisse des Magens oder der Fantasie sind, ist diesem Zusammenhang belanglos. Die Bedürfnisbefriedigung ist die *conditio sine qua non* jeglicher Ware. Es gibt keinen Wert (Tauschwert) ohne Gebrauchswert (Befriedigung von Bedürfnissen), wohl aber Gebrauchswerte *(Güter)* ohne Wert (Tauschwert), obwohl sie Bedürfnisse befriedigen (sie sind als eben dadurch definiert). Bereits hier sei festgestellt, dass Marx zwar mit dem Begriff des Bedürfnisses definiert, den Begriff des *Bedürfnisses* aber *nicht.* Er *beschreibt* es nicht einmal, was unter Bedürfnis zu verstehen ist.

Ist der Gebrauchswert – unmittelbar – mit den Bedürfnissen definiert, so gilt dies – zwar *indirekt,* aber *in gleich mehreren Bezie-*

---

[1] Marx, Karl (1962 [1867]): Das Kapital I, in: Marx, Karl/Engels, Friedrich: Marx-Engels-Werke [im Folgenden werden alle Texte von Marx und Engels nach dieser Ausgabe mit dem Kürzel MEW und Bandnummer zitiert], Band 23, Berlin, S. 49.

hungen – auch für den Gedanken, wonach der Arbeiter dem Kapitalisten seine Arbeitskraft verkauft: Er gibt Gebrauchswert und erhält dafür Tauschwert. Was bestimmt nun den Wert, den er erhält, d.h. den Wert der Arbeitskraft? Wie bekannt, der Wert der zu ihrer Reproduktion notwendigen Lebensmittel. Was für eine Wertmenge dies, die Produktivität als gegeben betrachtend, bedeutet, ist wiederum durch die *Bedürfnisse* des Arbeiters festgelegt. Die unterste Grenze stellt die Gesamtheit der Bedürfnisse für die bloße Selbsterhaltung (die Erhaltung der Kinder mit inbegriffen) dar. Mehr als einmal betont jedoch Marx die *Geschichtlichkeit* dieser Bedürfnisse, ihre Abhängigkeit von Tradition, Kulturstufe usw., worauf wir noch zurückkommen werden.[2]

Der Arbeiter verkauft dem Kapitalisten also seine Arbeitskraft, einen Gebrauchswert. Laut Definition befriedigt der Gebrauchswert, wie wir wissen, Bedürfnisse: die Bedürfnisse der Produktion von Mehrwert, der Verwertung des Kapitals. (Würde die Arbeitskraft keinen Mehrwert produzieren, kaufte der Kapitalist keine Arbeitskraft, hörte das Kapitalverhältnis auf.) »Das in ein Naturgesetz mystifizierte Gesetz der kapitalistischen Akkumulation drückt also in der Tat nur aus, dass ihre Natur jede solche Abnahme im Exploitationsgrad der Arbeit oder jede solche Steigerung des Arbeitspreises ausschließt, welche die stetige Reproduktion des Kapitalverhältnisses und seine Reproduktion auf stets erweiterter Stufenleiter ernsthaft gefährden könnte. Es kann nicht anders sein in einer Produktionsweise, worin der Arbeiter für die *Verwertungsbedürfnisse* vorhandner Werte, statt umgekehrt der gegenständliche Reichtum für die *Entwicklungsbedürfnisse* des Arbeiters da ist.«[3]

Merken wir uns vorderhand so viel, dass die Feststellung, wonach der gegenständliche Reichtum den Entwicklungsbedürfnissen der Arbeiter dienen sollte, samt und sonders auf einer außerökonomischen Wertwahl beruht. Doch nun zurück zur Kategorie

---

[2] An einzelnen Marx-Stellen lässt sich selbstverständlich ein Wertakzent in die eine oder die andere Richtung nachweisen, doch ist dies stets die Funktion des untersuchten *Problems* und lässt keine Folgerungen bezüglich der Gesamtheit der Konzeption zu.

[3] MEW 23: 649; Hervorh. Á.H.

des Mehrwerts. So viel haben wir bereits gesehen, dass auch die Produktion von Mehrwert ein Bedürfnis befriedigt (das Verwertungs-»Bedürfnis« des Kapitals). Doch bestimmt Marx sogar die *Möglichkeit* der Mehrwert-Produktion mit Bedürfnissen. Durch das gesamte Lebenswerk von Marx zieht sich der Gedanke, wonach die Möglichkeit, Mehrwert zu produzieren, dadurch zustande kommt, dass eine gegebene Gesellschaft fähig ist, mehr zu produzieren, als für die Befriedigung ihrer »Lebensbedürfnisse« ausreicht. Marx behauptet freilich nicht, dass die Produktion von Mehrwert in *jedem* solchen Fall zustande kommt, nur so viel, dass sie ohne diesen Überfluss nicht möglich ist. Wann die Produktion des Mehrwerts zustande kommt und wann nicht, ist jedenfalls eine *spezifische* Frage, die Funktion der Wechselwirkung unzähliger Faktoren.

In ihrer historischen *Genese* betrachtet setzt und reproduziert aber die Produktion des Mehrwerts gleichzeitig das Privateigentum und, was damit zumindest in der *Genese* identisch ist: die Arbeitsteilung. Das Wachstum der Arbeitsteilung und somit der Produktivität schafft, zusammen mit dem gegenständlichen Reichtum, auch den Reichtum und die Vielseitigkeit der Bedürfnisse: doch ist es eben dieselbe Arbeitsteilung, der zufolge sich auch die Bedürfnisse »verteilen«: *Der innerhalb der Arbeitsteilung eingenommene Platz bestimmt die Bedürfnisstruktur* oder zumindest deren Grenzen. Dieser Gegensatz erreicht im Kapitalismus seinen Gipfel und wird sogar, wie wir noch sehen werden, zur höchsten Antinomie des Antinomie-Systems dieser Gesellschaft.

Wir haben also gesehen, dass innerhalb der neuen ökonomischen Entdeckungen, die Marx als sein eigen bezeichnete, der *Begriff des Bedürfnisses* eine der Hauptrollen, wenn nicht gar *die* Hauptrolle spielt. Ein Blick auf die von ihm bewusst überholten Kategorien reicht aus, um zu erkennen, dass in diesem das Bedürfnis keinerlei Rolle spielt. Die klassische politische Ökonomie maß dem Gebrauchswert keine Bedeutung bei, diesbezüglich stellen sich also keine Probleme. Verkauft der Arbeiter dem Kapitalisten seine Arbeit, so entfallen beide, Bedürfnisse betreffende, Momente dieses Akts. Und wenn man schließlich von Profit, Zins oder Grundrente spricht, so kommt die Beziehung zum Bedürfnis ebenfalls nicht auf. Das bedeutet freilich nicht, dass der Begriff »Bedürfnis« in der klassischen politischen Ökonomie keine Rolle gespielt hatte: Er war sogar ausschlaggebend, jedoch von einem anderen *Blickwinkel* und in ganz anderem *Zusammenhang* als bei Marx. *Die Analyse und Beurteilung* des Bedürfnisses erfolgte vom Standpunkt des Kapitalismus. Diese Analyse bzw. Beurteilung ist demnach *rein ökonomisch:* der ökonomische Wert ist der einzige, der höchste Wert, den man von keinerlei anderem Gesichtspunkt aus transzendieren kann. Die Bedürfnisse des Arbeiters erscheinen als *Schranken* des Reichtums und werden auch als solche analysiert. Gleichzeitig ist aber das in der Form von *zahlungsfähiger Nachfrage erscheinende Bedürfnis* eine Triebkraft und ein Mittel der Wirtschaftsentwicklung. Bereits in den *Ökonomisch-philosophischen Manuskripten* weist Marx die rein ökonomische, weil aus dem Standpunkt des Kapitalismus folgende Bedürfnis-Auffassung leidenschaftlich zurück. Die Nationalökonomie betreffend schreibt er, dass »alles, was über das allerabstrakteste Bedürfnis hinausgeht – sei es als passiver Genuss oder Tätigkeitsäußerung – erscheint ihm (dem Nationalökonomen – Á.H.) als Luxus«.[4] Und weiter: *»Die Gesellschaft* – wie sie für den Nationalökonomen erscheint – ist die *bürgerliche Gesellschaft,* worin jedes Individuum ein Ganzes von Bedürfnissen ist und es nur für den anderen, wie der andere nur für es da ist, insofern sie sich wechselseitig zum Mittel werden.«[5]

Die Reduzierung des Bedürfnis-Begriffs auf das ökonomische Bedürfnis ist, laut Marx, ein Ausdruck der (kapitalistischen) *Entfremdung* der Bedürfnisse, in einer Gesellschaft, in der das Ziel der Produktion nicht das Befriedigen von Bedürfnissen, sondern die Kapitalverwertung ist, in der das System der Bedürfnisse von der Arbeitsteilung konstituiert wird, in der das Bedürfnis nur auf dem Markt, in Form von zahlungsfähiger Nachfrage in Erscheinung tritt. Im Folgenden wollen wir die von Marx vorgestellte Bedürfnis-Struktur der Gesellschaft der »assoziierten Produzenten« noch untersuchen. Hier wollen wir nur einiges hervorheben. Vor allem: Die

---

[4] MEW 40: 549.

[5] Ebd.: 557. Die abweisende Bewertung ist eindeutig: Sie beruht auf dem Kantschen Imperativ, wonach der Mensch dem Menschen nicht lediglich Mittel sein soll.

Gesellschaft der »assoziierten Produzenten« wird sich *hinsichtlich des ständigen Anstiegs der Produktivität* nicht vom Kapitalismus unterscheiden. Der Produktionsanstieg steht nur mit der Quantität (und Qualität) des Gebrauchswerts in Korrelation, es steigert den »stofflichen Reichtum« der Gesellschaft, befriedigt und bringt zugleich Bedürfnisse hervor. Er steht in keiner direkten Beziehung zur Bereitstellung von Wert (Tauschwert), da dieser mit der notwendigen Arbeitszeit korreliert ist.[6] Freilich *kann* der Produktivitätsanstieg auch – über die Vermittlung des Wertgesetzes – mit den Bedürfnissen in Beziehung gestellt werden, indem durch ihn die gesellschaftlich notwendige Arbeitszeit derart vermindert wird, dass dem Arbeiter die Befriedigung »höherstehender« Bedürfnisse möglich wird. Laut Marxens Konzeption kann dies aber im Kapitalismus nie erfolgen. Teils deshalb nicht, weil die Kapitalverwertung der Herabsetzung der Arbeitszeit Schranken stellt, teils – und wir werden sehen, dass dies das ausschlaggebende ist – weil sich beim Durchschnitt der Menschen ab ovo keine solche Bedürfnisstruktur herausbilden kann, welche es ermöglichte, dass man die Freizeit für die Befriedigung »höherer« Bedürfnisse verwendet. Diese Möglichkeit kann erst in der Gesellschaft der »assoziierten Produzenten« realisiert werden: in einer Gesellschaft, in der die Bedürfnisse nicht auf dem Markt erscheinen, in der das Primäre *das Ermessen der Bedürfnisse und die entsprechende Verteilung von Arbeitskraft und Arbeitszeit ist* – in einer Gesellschaft, in der sich die gesamte Bedürfnisstruktur verändert (und innerhalb dieser auch die Arbeit zum Lebensbedürfnis wird), in der die Menschen gemäß ihren Bedürfnissen an den Gütern teilhaben, in der aber nicht die materiellen Güter betreffenden, sondern die auf »höherstehende Aktivität« ausgerichteten Bedürfnisse, vor allem die *auf den anderen Menschen nicht als Mittel, sondern als Ziel ausgerichteten Bedürfnisse* den Primat haben.

Nun dürfte es nicht weiter als »Zufall« erscheinen, wenn der Bedürfnis-Begriff die geheime Hauptrolle in Marxens ökonomischen Kategorien spielt; ebenso wenig zufällig ist es auch, dass der Bedürfnis-Begriff in den Kritiken der politischen Ökonomie (und des

---

[6] Vgl. MEW 23: 61.

Kapitalismus) nicht definiert ist. Die Bedürfnis-Kategorien von Marx – wir werden sehen, dass es bei ihm mehrere Bedürfnis-Interpretierungen gibt – sind in ihrer Mehrzahl *keine ökonomischen Kategorien.* Seine Bedürfnis-Begriffe sind, die Haupttendenz seines Lebenswerks betrachtend, außerökonomische, *geschichtsphilosophische Kategorien bzw. anthropologische Wertkategorien* und lassen sich schon deshalb nicht im ökonomischen System definieren. Um die ökonomischen Kategorien des Kapitalismus als Kategorien der entfremdeten Bedürfnisse analysieren zu können (sind denn das Verwertungsbedürfnis des Kapitals, das von der Arbeitsteilung auferlegte Bedürfnissystem, das nachträgliche Erscheinen des Bedürfnisses auf dem Markt, die Beschränkung der Arbeitgeber-Bedürfnisse auf die »lebensnotwendigen Artikel« oder die Manipulierung der Bedürfnisse etwa keine Entfremdungserscheinungen?), muss die positive Wertkategorie des »nichtentfremdeten Bedürfnissystems« geschaffen werden, dessen volle Entfaltung und Realisierung wir in einer Zukunft setzen, in der auch die Ökonomie diesem »menschlichen« Bedürfnissystem untergeordnet sein wird.

Bevor wir die die Bedürfnisse betreffende philosophische Gesamtkonzeption von Marx näher untersuchen, wollen wir kurz betrachten, mit welchen verschiedenen Interpretierungen er sich dieses Begriffs bedient. Marx hat kein wichtiges philosophisches oder ökonomisches Werk hinterlassen, in dem er nicht immer wieder, oft in mehreren Ansätzen, versucht, die Bedürfnistypen zu klassifizieren. Die Klassifizierung erfolgt bald nach geschichtsphilosophisch-anthropologischem Gesichtspunkt, bald aufgrund der die Bedürfnisse zustande bringenden bzw. mit diesen korrelierten *Objektivationen,* bald wiederum vom *ökonomischen* Standpunkt aus (besonders in den Analysen von Angebot und Nachfrage) oder auch mit Hilfe der – bewusst *bewertenden* – Anwendung der Wertkategorie des »menschlichen Reichtums«. Hinzugefügt sei, dass fast jede solche Gruppierung das Moment des Werturteils enthält, selbst wenn nicht unmittelbar eine Wertkategorie als Basis der Klassifizierung dient.

Diese verschiedenen Gesichtspunkte führen in der Klassifizierung selbst zu einer gewissen *Heterogenität.* Das würde an sich keine Schwierigkeiten in der Beschreibung von Marxens Standpunkt bedeuten, wenn die verschiedenen Gesichtspunkte stets bewusst abgesondert wären. Oft sind aber die »Gesichtspunkte« selber nicht klar und eindeutig. Besonders deshalb nicht, weil mehr als einmal das bewertende Verhalten auf *nicht bewusste Weise* die Klassifizierung konstituiert. Des Weiteren durchkreuzen (durchbringen) die ökonomische Bedürfnis-Klassifizierung häufig philosophische Begriffe, und *last but not least* beeinflusst der *Status quo* der kapitalistischen Gesellschaft mehr als einmal die geschichtsphilosophisch-anthropologische Klassifizierung. Dieser letztgenannte Umstand – und kein unbewältigter Feuerbachianismus – ist die Ursache dessen, dass Marx den naturalistischen Bedürfnis-Begriff nicht überwindet, obwohl er dies des Öfteren versucht.

Am unproblematischsten ist die Klassifizierung der Bedürfnisse aufgrund *der Objektivationen* bzw. ganz allgemein der Gegenstände, des Weiteren der diese betreffenden Bestätigungen, Gefühle, Leidenschaften. (Dass der Gegenstand des Bedürfnisses und das Bedürfnis bei Marx stets korreliert sind, werden wir anhand der Analyse des philosophischen Bedürfnis-Begriffs sehen.) Die Typen der Bedürfnisse gestalten sich je nachdem, auf was für Gegenstände bzw. Gegenstände betreffende Bestätigungen sie gerichtet sind. Die allgemeinste Marxsche Aufteilung kennt in dieser Hinsicht »materielle« und »geistige« Güter, doch ist auch von politischem Bedürfnis, von Bedürfnissen des Gemeinschaftslebens, vom Arbeits-(Betätigungs-)Bedürfnis die Rede. Die Bewertung ist in diesen Aufteilungen kein allgemein durchgeführter Standpunkt. Die Befriedigung des materiellen Bedürfnisses ist nicht nur die grundlegende Lebensbedingung des Menschen, die Ausweiterung der materiellen Bedürfnisse ist zugleich ein Zeichen der »Bereicherung« des Menschen; jedoch kann auch ein »geistiges Bedürfnis« entfremdet sein. *Die Bewertung betrifft die Gesamtheit der Bedürfnisstruktur,* worauf wir noch zurückkommen werden.

Die geschichtsphilosopisch-anthropologische Klassifizierung erfolgt aufgrund der folgenden Kategorien: »natürliche Bedürfnisse« bzw. »gesellschaftlich produzierte« Bedürfnisse (synonym mit erster sind an einigen Textstellen »physische« oder »notwendige« Bedürfnisse; der zweiten entsprechend »gesellschaftliche Bedürfnisse«, zumindest in einem angewandten Sinn des Wortes). Nun, wie *interpretiert* Marx diese Gruppen?

In den *Ökonomisch-philosophischen Manuskripten* schreibt er: »[D]er Mensch selbst frei vom physischen Bedürfnis produziert und erst wahrhaft produziert in der Freiheit von demselben.«[7] Das »physische« Bedürfnis entspricht hier dem biologischen, jenen Bedürfnissen, die auf die Aufrechterhaltung der bloßen Lebensbedingungen gerichtet sind. Hier hat sich Marx (trotz allem terminologischen Anschein) weiter von der naturalistischen Interpretierung entfernt als in zahlreichen seiner reifen Werke. Dies nicht, indem er von einem radikal neuen menschlich-gesellschaftlichen Inhalt der tierisch-biologischen Bedürfnisse spricht (das ist bei Marx auch später – von einigen Formulierungen abgesehen – stets ganz eindeutig), sondern indem er die *Reduzierung* der »menschlichen« Bedürfnisse zu Bedürfnissen wohl gesellschaftlichen Inhalts, jedoch biologisch-physiologischer »Natur« als ein Produkt der *kapitalistischen Gesellschaft* auffasst. Es ist die bürgerliche Gesellschaft, die die menschlichen Sinne den »rohen, praktischen Bedürfnissen« unterordnet, sie macht die Bedürfnisse »abstrakt«, genau indem sie sie zu den bloßen Bedürfnissen der Selbsterhaltung reduziert. Deshalb können die auf die Lebenshaltung ausgerichteten Bedürfnisse hier *keine* selbständige, geschichtsphilosophisch allgemeine Gruppe der Bedürfnisse bilden.

Später wurde infolge eines *ökonomischen* Gesichtspunktes jene Klassifizierung notwendig, welche – mehr oder weniger verändert (bzw. mit unterschiedlicher Interpretierung) – sodann in den reifen Werken anzutreffen ist: die Unterscheidung von »natürlichen« und »gesellschaftlich produzierten« Bedürfnissen. Der ökonomische Gesichtspunkt ist, wie bereits darauf hingewiesen, eine Erklärung der *Genese* von Mehrarbeit und Mehrwert bzw. der *Möglichkeit* ihrer Existenz. Das ist aber auch durch den *existenten Status quo* der kapitalistischen Gesellschaft als Ausgangspunkt der Marxschen Analyse und durch den leitenden Gesichtspunkt bei der Kritik des Kapitalismus, der Freilegung der Tatsache der *Exploitierung* motiviert.

Wir wollen betrachten, wo und in welchem Zusammenhang diese Kategorien erscheinen (wobei wir nur die wichtigsten Stel-

---

[7] MEW 40: 517.

len berücksichtigen). In den *Grundrissen* spricht Marx von der »Konsumtionsfähigkeit« als Schaffer der Bedürfnisse in der kapitalistischen Gesellschaft und unterscheidet die »durch die Sozietät geschaffnen« und die »natürlichen« Bedürfnisse.[8] Ebenfalls den Kapitalismus betreffend heißt es: »Als das rastlose Streben nach der allgemeinen Form des Reichtums treibt aber das Kapital die Arbeit über die Grenzen ihrer Naturbedürftigkeit hinaus und schafft so die materiellen Elemente für die Entwicklung der reichen Individualität, die ebenso allseitig in ihrer Produktion als Konsumtion ist und deren Arbeit daher nicht mehr als Arbeit, sondern als volle Entwicklung der Tätigkeit selbst erscheint, in der *die Naturnotwendigkeit in ihrer unmittelbaren Form verschwunden ist;* weil *an die Stelle des Naturbedürfnisses ein geschichtliches erzeugtes getreten ist.*«[9] Und in demselben Werk heißt es auch auf S. 434: »*Luxus* ist Gegensatz zum *Naturnotwendigen.* Notwendige Bedürfnisse sind die des Individuums, reduziert selbst auf ein *Natursubjekt.* Die Entwicklung der Industrie hebt diese Notwendigkeit, wie jenen Luxus auf – in der bürgerlichen Gesellschaft allerdings nur *gegensätzlich,* indem sie selbst wieder nur bestimmten gesellschaftlichen Maßstab als den notwendigen gegenüber den Luxus setzt.«[10] Im *Kapital*[11] *erscheint die Kategorie der »natürlichen Bedürfnisse« anhand der Bestimmung des Werts der Arbeitskraft:* »Die *natürlichen Bedürfnisse* selbst, wie Nahrung, Kleider, Heizung, Wohnung usw. sind verschieden je nach den klimatischen und anderen natürlichen Eigentümlichkeiten des Landes. Andererseits ist der Umfang der sogenannten *notwendigen Bedürfnisse,* wie die Art ihrer Befriedigung, selbst ein historisches Produkt und hängt daher großenteils von der Kulturstufe eines Landes, unter anderem auch wesentlich davon ab, unter welchen Bedingungen, und daher mit welchen Gewohnheiten und Lebensansprüchen die Klasse der freien Arbeiter sich gebildet hat. Im Gegensatz zu den anderen Waren enthält also die Wertbestimmung der Arbeitskraft *ein his-*

---

[8] MEW 42: 29.

[9] Ebd.: 244; Hervorh. Á.H.

[10] Ebd.: 434; die letzten beiden Hervorh. Á.H.

[11] MEW 23: 185; die folgenden Hervorh. Á.H.

torisches und moralisches Element«. Schließlich lautet die Definition des Werts der Arbeiterkraft folgendermaßen: »Der Wert der Arbeitskraft ist bestimmt durch den Wert der *gewohnheitsmäßig* notwendigen Lebensmittel des Durchschnitts-Arbeiters.«[12] Dennoch erscheint die erwähnte Klassifizierung auch hier aufs Neue. Den Unterschied des Werts der Arbeitskraft je nach Ländern erörternd schreibt Marx weiter: »Beim Vergleich nationaler Arbeitslöhne sind also alle den Wechsel in der Wertgröße der Arbeitskraft bestimmende Momente zu erwägen, Preis und Umfang der natürlich und historisch entwickelten ersten Lebensbedürfnisse.«[13] Zur Analyse der Frage möchte ich noch den Marxschen Gedanken erwähnen, wonach die materielle Produktion immer das Reich der Notwendigkeit war und es auch in der Gesellschaft der »assoziierten Produzenten« bleiben wird. Mit der Entwicklung der Produktivkräfte »erweitert sich dies Reich der Naturnotwendigkeit, *weil die Bedürfnisse*«.[14]

Aus all dem geht hervor, dass sich die Kategorie der »natürlichen Bedürfnisse» – zumindest von den *Grundrissen* bis zum dritten Band des *Kapital* – in ihrer Bedeutung nicht verändert hat, wohl aber der Begriff der »notwendigen Bedürfnisse«. Wir wollen zuerst die Gruppe der »natürlichen Bedürfnisse« untersuchen.

Die »natürliche Bedürfnisse« beziehen sich auf die einfache Erhaltung des menschlichen Lebens (Selbsterhaltung). Sie sind »naturnotwendig«, einfach weil der Mensch, ohne sie zu befriedigen, sich als bloßes Naturwesen nicht erhalten kann. Sie sind nicht identisch mit den tierischen Bedürfnissen, da der Mensch als Naturwesen zur Selbsterhaltung auch solche Bedingungen benötigt (Heizung, Kleidung), für die das Tier kein »Bedürfnis« hat. Somit sind auch die zur Erhaltung des Menschen als Naturwesen notwendigen Bedürfnisse gesellschaftlich (die Passage aus den *Grundrissen* ist bekannt, wonach der Hunger, den man mit Messer und Gabel befriedigt, ein anderer ist als der mit rohem Fleisch befriedigte): Die Art und Weise der Befriedigung vergesellschaftet das Bedürfnis sel-

12 Ebd.: 542; Hervorh. Á.H.

13 Ebd.: 583; Hervorh. Á.H.

14 MEW 25: 828; Hervorh. Á.H.

ber. Und dennoch widerspricht die Aufstellung des Begriffs der »natürlichen Bedürfnisse« als einer selbständigen »Bedürfnis-Gruppe« und seine Konfrontierung mit dem Begriff der »gesellschaftlichen« oder »gesellschaftlich produzierten« Bedürfnisse der philosophischen Bedürfnis-Theorie von Marx; zumindest lässt sie sich nicht kohärent in diese eingliedern. Untersuchen wir die Bedürfnisse als *Bedürfnisstruktur* – und wir werden noch sehen, dass Marx das tut – und wenn wir die ganze Bedürfnisstruktur nur in ihrer Korrelation zu den gesamtgesellschaftlichen Verhältnissen für interpretierbar halten (was ein Zitat aus *dem Anti-Proudhon* beweisen wird), so gibt es *nur* gesellschaftlich produzierte Bedürfnisse und auch die »natürlichen Bedürfnisse« (deren Befriedigungsweise das Bedürfnis selber verändert) sind solchen Charakters.

Die Möglichkeit, den Gegensatz zwischen »natürlichen« und »gesellschaftlich produzierten« Bedürfnissen aufzulösen, stellt laut Marx wie gesehen, die *Industrieproduktion* bereit; selbst wenn in der kapitalistischen Gesellschaft auf widersprüchliche Weise, selbst wenn diese Gesellschaft den Widerspruch – zeitweilig – reproduziert. Die Aufhebung des Widerspruchs zwischen den »natürlichen« und den »gesellschaftlich produzierten« Bedürfnissen ist also eine Folge der *Zurückweichung der Naturschranken;* die Zurückweichung der objektiven und subjektiven Naturschranken ist *korreliert,* Marx unterscheidet nicht zwischen äußerer und innerer Natur. Doch wäre es aufgrund dieses genialen Gedankens noch nicht notwendig, die selbständige Gruppe der »natürlichen Bedürfnisse« aufzustellen, existiert doch für den Menschen auch die äußere Natur nur in Wechselwirkung mit der Gesellschaft, im Prozess der Vergesellschaftung, des Stoffwechsels zwischen Mensch und Natur.

Lässt sich die Gruppe der »natürlichen Bedürfnisse« innerhalb der Marxschen Gesamtphilosophie nicht interpretieren, ist der Gedanke, den Marx mit der Schaffung dieser Gruppe ausdrücken wollte, doch recht plausibel und einfach. Es geht nämlich darum, dass es die Industrieproduktion, die kapitalistische Entwicklung der Produktivität ist, die es endgültig (laut Marx: unwiderrufbar) ermöglicht, dass das Erhalten der rein physischen Existenz aufhört für den Menschen ein separates, die Alltagsbetätigung organisierendes Ziel und Problem zu sein, dass die Menschen nicht weiter nur darum arbeiten, um den eigenen Magen und den der Kinder zu füllen, um sich und ihre Familie vor dem Erfrierungstod zu beschützen.

Doch bietet die Entwicklung der Industrieproduktion nicht einfach Gelegenheit, die »natürlichen Bedürfnisse« reichlich zu befriedigen, sondern sie liquidiert das Problem (den Gegensatz) selbst – nach Möglichkeit *ein für allemal.* Der tiefschürfende Gedanke der *Ökonomisch-philosophischen Manuskripte,* wonach es im Grunde genommen die kapitalistische Gesellschaft ist, die die Reduktion zu »physischen Bedürfnissen« durchführt, mit anderen Worten die selbständige Gruppe der »natürlichen Bedürfnisse« konstituiert, erscheint in den späteren Werken als die kapitalistische Reproduktion des Gegensatzes. Es ist nicht zu bezweifeln, dass in dieser Akzentverschiebung ein *positiveres Wertverhältnis* (Werturteil) zur kapitalistischen Produktionsweise zum Ausdruck kommt.

Zwar gliedert sich die Aufstellung einer separaten Gruppe der »natürlichen Bedürfnisse« unseres Erachtens nicht organisch in die allgemeine philosophische Bedürfnistheorie von Marx ein, und wir würden eine solche separate »Gruppe« auch nicht in einer heutigen marxistischen Bedürfnistheorie behalten, doch finden wir sie, innerhalb einer solchen, nicht für uninterpretierbar. Unseres Erachtens sind die »natürlichen Bedürfnisse« nicht eine Gruppe von Bedürfnissen, sondern ein *Grenzbegriff:* Jene – je nach Gesellschaften unterschiedliche – Grenze, über die hinaus das menschliche Leben als solches nicht mehr reproduzierbar ist, mit anderen Worten, die Grenze der einfachen Existenz (der massenhafte Hungertod etwa in Indien oder Pakistan ist Ausdruck des Überschreitens dieser Grenze). Es wäre purer Aristokratismus – zumindest in unserer Welt–, diesen Grenzbegriff aus der Besprechung der Bedürfnisse zu eliminieren. Ich würde in diesem Fall nicht von »natürlichen Bedürfnissen«, sondern von der *existenziellen Grenze der Bedürfnisbefriedigung* sprechen.

Es wurde bereits gesagt, dass der Sinn der »notwendigen Bedürfnisse« von *Grundrisse* bis *Kapital* einem Wandel unterlegen war. In den *Grundrissen* entsprechen sie voll und ganz den natürlichen Bedürfnissen; im *Kapital* liegt der Nachdruck auf der *Unterscheidung.* die »notwendigen« Bedürfnisse sind solche historisch *entstandene* und *nicht* auf bloße Selbsterhaltung ausgerichtete Bedürfnisse, in denen das kulturelle und das *moralische* Element und der Gebrauch entscheidend sind und deren Befriedigung Bestandteil des »normalen« Lebens von Menschen bestimmter Klasse innerhalb einer gegebenen Gesellschaft ist. Das Quantum, das wir zu einer gegebenen Zeit oder bei einer gegebenen Klasse die »notwendigen Lebenserhaltungs-Artikel oder -Mittel« nennen, dient zur Befriedigung der Lebensbedürfnisse und der »notwendigen Bedürfnisse«.

Der Begriff der »notwendigen Bedürfnisse« ist in dieser Interpretierung äußerst wichtig, wenngleich nur ein beschreibender Begriff. Wenn wir es empirisch erforschen, welche Bedürfnisse befriedigt werden müssen, damit die Mitglieder einer gegebenen Gesellschaft oder Klasse das Gefühl oder die Überzeugung haben, ihr Leben sei – auf der gegebenen Ebene der Arbeitsteilung – »normal«, so gelangen wir zum Begriff der »notwendigen Bedürfnisse«. Ausdehnung und Inhalt der notwendigen Bedürfnisse kann daher je nach Zeiten und Klassen recht verschieden sein. Für einen USA-Arbeiter von heute gelten andere »notwendige Bedürfnisse« als für einen englischen Arbeiter zu Marxens Zeit oder einen indischen Arbeiter heute. In diesem Sinn schreibt Marx auch im *Anti-Proudhon* über Bedürfnisse, wenn er einen Widerspruch zwischen Bedürfnissen und den Möglichkeiten des Arbeiters registriert. Das bedeutet soviel, dass die notwendigen Bedürfnisse der Arbeiter nicht befriedigt werden können, weil sie sich nicht mit ihrer zahlungsfähigen Nachfrage überdecken.

Wir haben heute bereits gesagt, dass wir die Kategorie der »notwendigen Bedürfnisse« als einen außerordentlich wichtigen, sozusagen soziologisch bedeutsamen beschreibenden Begriff schätzen. Doch ist sein Inhalt eben infolge des beschreibenden Charakters des Begriffs philosophisch verschwommen. Wenn etwa Marx von den »notwendigen Bedürfnissen« der zeitgenössischen englischen Arbeiter spricht, versteht er darunter *nicht allein die materiellen Bedürfnisse,* sondern auch jene nichtmateriellen Charakters, welche mit dem Begriff des »Durschnitts« interpretierbar sind. In seinem bekannten Fragebogen figurieren innerhalb dieser Kategorie auch der Unterricht, die Bücher und die Zugehörigkeit zu einer Gewerkschaft. Da aber die Befriedigung dieser Bedürfnisse (zu gegebener Zeit und bei gegebenen Umständen) von materiellen Mitteln abhängt, mit Geld »käuflich« ist – im Fall der Gewerkschaft-Zugehörigkeit fragt Marx nach dem Gewerkschaftsbeitrag – sind diese Bedürfnisse als »notwendige« zu verstehen und die für ihre Befriedigung aufgewendete Wertsumme zählt zum Wert der Arbeitskraft. Jedoch gehören nicht zu dieser Kategorie die individuellen Bedürfnisse, die keinen »Durchschnitt« haben, und besonders nicht diese, deren Befriedigung nicht »käuflich« ist. So geraten dann homogene Bedürfnisse in verschiedene Kategorien (wie wir sehen werden: Fleisch als notwendiges, Artischocke als Luxusbedürfnis), heterogene hingegen in ein und dieselbe (Schnapskonsum und Gewerkschaftsbeitrag als notwendige Bedürfnisse).

Definiert aber Marx die Eigenart der »notwendigen Bedürfnisse« nicht empirisch, sondern philosophisch, gelangt er *inhaltlich* zu einem ganz anderen Ergebnis. Das Reich der materiellen Produktion ist – und bleibt auch in der Gesellschaft der »assoziierten Produzenten« – das Reich der Notwendigkeit. In diesem Sinn sind die »notwendigen Bedürfnisse« die in der materiellen Produktion hervorgebrachten, stets anwachsenden Bedürfnisse. In der Gesellschaft der »assoziierten Produzenten« muss man *materielle* Bedürfnisse ermessen (die Bedürfnisse von Konsumtion und Produktion) und die Arbeitskraft sowie die Arbeitszeit dementsprechend verteilen. Die geistigen und moralischen, die auf die Gemeinschaft ausgerichteten Bedürfnisse sind in diesem Zusammenhang und dieser Auslegung *Gegensätze* der notwendigen Bedürfnisse. Die letzteren werden – zumindest in Zukunft – nicht vom Platz innerhalb der Arbeitsteilung festgelegt sein, da sie *individuell* sind, sich durch keinerlei Durchschnitt ausdrücken lassen und weil ihre Befriedigung nicht käuflich ist (umso weniger, da es kein Geld geben wird). Diese wären also die sogenannte »freien« Bedürfnisse, eigentlich die Charakteristika des »Reichs der Freiheit«.

Doch wollen wir noch einmal kurz auf das Problem der naturalistischen Bestimmung der »natürlichen Bedürfnisse« zurückkehren. Da das Bedürfnis für Marx, wie wir noch sehen werden, eine Art *Subjekt-Objekt-Korrelation* ist, ist es selbstverständlich, dass das Problem auch vom Gesichtspunkt des *Objekts* (des Gegenstands der Bedürfnisse) in Erscheinung tritt – nämlich vom Gesichtspunkt des *Gebrauchswerts.* Die naturalistische Interpretierung der Bedürfnisse setzt die naturalistische Interpretierung des Gebrauchswerts voraus, ebenso, wie das Überholen des ersteren das Überholen des Letzteren setzt.

Hinsichtlich dieses Problems können wir lediglich eine *Tendenz* angeben; es kommt ja vor, dass Marx *innerhalb ein und desselben Werkes* verschiedene Interpretierungen bietet. Im *Kapital* ist der Gebrauchswert als die »Naturalform« der Ware definiert, die *das Verhältnis zwischen dem Einzelnen und der Natur* ausdrückt.[15] Auch in den *Theorien über den Mehrwert* stößt man auf ähnliche oder noch stärker ausgeprägt naturalistische Auffassung, so etwa in Band III: »Der Gebrauchswert drückt die Naturbeziehung zwischen Dingen und Menschen aus, in fact das Dasein der Dinge für den Menschen. Der Tauschwert [...] ist das *gesellschaftliche* Dasein der Dinge.«[16] Doch liest man auf S. 421 desselben Bandes etwa Folgendes: »[D]ie *selbständige stoffliche Gestalt* des *Reichtums* verschwindet und er bloß mehr als Betätigung der Menschen erscheint. Alles, was nicht Resultat menschlicher Tätigkeit, Arbeit, *ist die Natur und als solches nicht sozialer Reichtum.* Das Phantom der Güterwelt zerrinnt, und sie erscheint nur noch als beständig verschwindende und beständig wiedererzeugte Objektivierung der menschlichen Arbeit.«[17]

Wenn wir nun untersuchen, wie Marx die Bedürfnisse aufgrund *ökonomischer Gesichtspunkte* (nach Angebot und Nachfrage) gruppiert hat, verabschieden wir uns nicht endgültig von den oben erörterten Auffassungen. Die Gruppen »notwendige« bzw. »Luxus«-

---

[15] Dieselbe Definition findet man bereits in den ökonomischen Manuskripten von 1857–1858 [Ágnes Heller bezieht sich hier auf das Fragment des Urtexts von »Zur Kritik der politischen Ökonomie« von 1858, das in der »Grundrisse ...«-Ausgabe von 1953 auf den Seiten 871–947 abgedruckt war und in den MEW Band 42 nicht übernommen wurde; es ist veröffentlich in Marx-Engels-Gesamtausgabe | MEGA, Abteilung II, Band 2, Karl Marx: Ökonomische Manuskripte und Schriften, 1858–1861, S. 317ff.; eine elektronische Fassung der 1953-Ausgabe gibt es im Internet unter www.marxists.org/deutsch/archiv/marx-engels/1858/urtext/index.htm].

[16] MEW 26.3: 291.

[17] Ebd.: 421; erste Hervorh. Á.H.

Bedürfnisse oder »wahre« bzw. »Luxus«-Bedürfnisse, wahre bzw. »eingebildete« Bedürfnisse sind bei Marx *nicht immer und nicht unbedingt ökonomischer Bedeutung.*[18] *Die nur* ökonomisch eindeutig interpretierbare Aufteilung enthält meist auch geschichtsphilosophische Elemente und erhält sehr oft *bewertende* Akzente. Die Frage ist, ob es möglich wäre, die Bedürfnisse bzw. die Gegenstände, auf die sie gerichtet sind, aufgrund ihres *Inhalts,* ihrer Qualität den Kategorien Notwendigkeit bzw. Luxus zuzuordnen, oder ob einzig oder in erster Linie die zahlungsfähige Nachfrage es entscheidet, ob irgendein Bedürfnis ein Luxusbedürfnis und sein Gegenstand ein »Luxusgegenstand« ist.

Im Anti-Proudhon sind die beiden Lösungen nicht entsprechend differenziert. Allerdings neigt Marx zur rein ökonomischen Interpretierung. Mit der Auffassung Proudhons debattierend, laut welcher die am meisten benützten Gegenstände zugleich die nützlichsten sind (und der entsprechend man etwa den Schnaps zu den nützlichsten Konsumgütern rechnen müsste!), nimmt er den Standpunkt ein, dass über den konkreten Inhalt der notwendigen Bedürfnisse die Produktion entscheidet: Je größer der Arbeitskraftaufwand, mit dem ein Artikel hergestellt wird, umso mehr nähert er sich der Gruppe der Luxusprodukte. Gleichzeitig, und in demselben Werk erscheint eine dieser Interpretierung widersprechende nichtökonomische Definition. So schreibt er etwa: »Die unentbehrlichsten Gegenstände, wie Getreide, Fleisch usw., steigen im Preis, während Baumwolle, Zucker, Kaffee usw. in überraschendem Grade stetig fallen. Und selbst unter den eigentlichen Esswaren sind die Luxusartikel, wie Artischocken, Spargel etc., heute verhältnismäßig billiger als die nötigsten Lebensmittel. In unserer Epoche ist das Überflüssige leichter herzustellen als das Notwendige.«[19] In dieser Interpretation ist aber »Luxusprodukt« oder »Luxusbedürfnis« keine ökonomische Kategorie mehr; sie erscheinen als Gegenstück des beschreibend-soziologischen Begriffs »notwendige Be-

[18] Das Paar »natürliche Bedürfnisse – Luxusbedürfnisse« erscheint nur in den Grundrissen, wo Marx die ersteren, wie gesehen, noch nicht von den »notwendigen Bedürfnissen« unterscheidet.

[19] MEW 4: 92.

dürfnisse«, und in ihrer Definition kommt den »moralischen« und »historischen« Elementen, dem Gebrauch usw. eine einschneidende Rolle zu. Demnach ist alles Luxusbedürfnis, was gewohnheitsmäßig nicht zum Bedürfnissystem der Arbeiterschaft gehört. In der ökonomischen Interpretierung ist hingegen ein Luxusartikel, dessen Gegenstand (Besitz, Konsum des Gegenstands) außerhalb der zahlungsfähigen Nachfrage der Arbeiterschaft liegt. In diesem letzteren Sinn kann man jedoch nicht sagen, dass Luxusprodukte billiger werden, sondern nur so viel, dass das Produkt, das billiger wird als andere Produkte ähnlicher Bestimmung (z.B. Lebensmittel), *nicht weiter Luxusprodukt* ist.[20] Ähnliche Probleme stellen sich im Zusammenhang mit derselben Klassifizierung im zweiten Band des *Kapitals*. Dort werden die Konsumgüter folgendermaßen aufgeteilt: »a) *Notwendige* Konsumtionsmittel, wobei es ganz gleichgültig, ob es ein solches Produkt, wie z.B. Tabak, vom physiologischen Standpunkt aus ein notwendiges Konsumtionsmittel ist oder nicht; genug, dass es gewohnheitsgemäß ein solches«; und »b) *Luxus*-Konsumtionsmittel, die nur in dem Konsum der Kapitalistenklasse eingehn, also nur gegen verausgabten Mehrwert umgesetzt werden können, der dem Arbeiter nie zufällt.«[21] Ich glaube, das sei die einzig relevante Interpretierung zwecks Bestimmung der Luxusprodukte und Luxusbedürfnisse, jeweils in konkreten Situationen konkret angewendet. *Keinerlei* konkretes Produkt oder Bedürfnis *besitzt* die Eigenschaft, Luxusprodukt oder Luxusbedürfnis zu sein; darüber entscheidet *allein*, ob die Mehrheit der Bevölkerung oder nur die infolge der gesellschaftlichen Arbeitsteilung ein bedeutend höheres Niveau der zahlungsfähigen Nachfrage repräsentierende Minderheit den Gegenstand des Bedürfnisses besitzen oder gebrauchen, das Bedürfnis befriedigen kann. Infolge der steigenden Produktivität wie auch infolge der gesellschaftlichen Strukturveränderungen werden frühere Luxusbedürfnisse zu notwendigen Bedürfnissen, ohne dass sich ihre Qualität um ein Haar geändert hätte. (Ebenso kann aber auch das Gegenteil eintreffen.

---

[20] Es ist an Beispielen nachweisbar, dass dies de facto geschehen ist: Weder Zucker noch Artischocken sind heute in irgendeiner Hinsicht mehr Luxusgüter.

[21] MEW 24: 402.

Eben Marx hat es erörtert, dass zu Beginn der kapitalistischen Reproduktion in England ein Teil der früher notwendigen Bedürfnisse zum Luxusbedürfnis aufstieg.) Deshalb akzeptieren wir selbst *diese* Marxsche Konzeption und finden die Kategorie der »Luxusbedürfnisse« nur in ökonomischer Sicht interpretierbar.

Das erwähnte Problem meldet sich nicht hier, sondern in späteren Ausführungen. über die Prosperity-Phasen des Kapitalismus schreibt Marx Folgendes: »[D]ie Arbeiterklasse [...] nimmt auch momentanen Anteil an der Konsumtion ihr sonst unzugänglicher Luxusartikel.«[22] Sobald über die zahlungsfähige Nachfrage die Konsumtion auch in der Arbeiterklasse zugegen ist, befriedigt sie nicht »Luxusbedürfnisse«, das fragliche Bedürfnis hört im Sinn der angeführten Konzeption auf, ein Luxusbedürfnis zu sein. Diese Zweideutigkeit von »Luxusprodukt« und »Luxusbedürfnis« fügt sich aber äußerst kohärent in Marxens Gesamtkonzeption ein, in jene Konzeption nämlich, wonach die Erreichbarkeit solcher »Luxusgüter« für die ganze Bevölkerung nur für *ausnehmliche* und *kurze* Perioden charakteristisch ist. Auf die Prosperität folgt die Krise, in der dieselben Artikel (und Bedürfnisbefriedigungen) wieder unerreichbar werden. Die Erfahrungen anhand der Entwicklung des Kapitalismus berücksichtigend könnte man vielmehr sagen (was Marx übrigens stets behauptet hat), dass jede auf gesellschaftlicher Arbeitsteilung beruhende Gesellschaft diese ökonomisch separate Gruppen der Bedürfnisse – die notwendigen und die Luxusbedürfnisse – reproduziert, dass allein die Gesellschaft der »assoziierten Produzenten« diesen Gegensatz aufzuheben vermag, nicht nur indem die sogenannten »Luxusbedürfnisse« aufhören zu sein, sondern indem sich auch das System der »notwendigen Bedürfnisse« verändert, der Entfaltung der individuellen »freien Bedürfnisse« die Bahn öffnend. Wir bestreiten einzig, dass die »Luxusbedürfnisse« gemäß ihres Inhalts und ihrer Qualität definierbar seien, dass die Bedürfnisse aufgrund ihrer konkreten Qualität oder Quantität überhaupt zu »notwendigen« bzw. »Luxusbedürfnisse« aufteilbar sind.

Bestimmte konkret bewertende Kategorien erscheinen auch in den vorhin betrachteten Gruppen – einmal schreibt Marx etwa über

---

[22] Ebd.: 409.

»wirkliche« und »eingebildete« Gebrauchswerte[23] –, die *Haupttendenz* ist dennoch das Eleminieren der bewertenden Kategorien. Und dennoch ist *Basis und Maßstab* jeder Gruppierung und Klassifizierung das *Bedürfnis als Wertkategorie.*

Wie auch sonst, ist auch in diesem Fall Marxens wichtigste Wertkategorie der *Reichtum;* das ist zugleich eine Kritik der »Reichtum«-Kategorie der klassischen politischen Ökonomie, welche mit dem materiellen Reichtum identisch ist. Für Marx ist die Voraussetzung des »menschlichen« Reichtums, jedoch nicht mehr als seine Voraussetzung, lediglich die Basis für die freie Entfaltung sämtlicher menschlicher Fähigkeiten und Sinne, damit die freie und vielseitige Betätigung jedes *Individuums* zustande kommen kann. Das Bedürfnis als Wertkategorie ist nichts anderes als *das Bedürfnis dieses Reichtums.* In den *Ökonomisch-philosophischen Manuskripten* schreibt er: »Man sieht, wie an die Stelle des nationalökonomischen *Reichtums* und *Elends* der *reiche Mensch* und das reiche *menschliche* Bedürfnis tritt. Der *reiche* Mensch ist zugleich *der einer Totalität der menschlichen Lebensäußerung bedürftige* Mensch.«[24] Und sodann: »[D]as Privateigentum weiß das rohe Bedürfnis nicht zum *menschlichen* Bedürfnis zu machen.«[25] *Marx weist die Gesellschaft des kapitalistischen Privateigentums vom Gesichtspunkt des Werts den »reichen menschlichen Bedürfnisses« zurück. Sie ist unfähig, die »rohen« zu »reichen menschlichen Bedürfnissen« zu verwandeln, so groß auch der materielle Reichtum sei, den sie hervorbringt.*

Das *Ausarbeiten* der Wertkategorie des Bedürfnisses ist das Werk des jungen Marx. Beim reifen Marx ist diese Kategorie bereits gegeben, bereits Ausgangspunkt, er findet es nicht notwendig, sie erneut zu analysieren. Dennoch erscheint sie auch später häufig, in *direkter* und *offener* Form. Wir erinnern uns an das Zitat, in welchem er die Verwertungsbedürfnisse des Kapitals den »Entwicklungsbedürfnissen« des Arbeiters gegenüberstellt, oder an das Ausschlaggebenste, an den Begriff der auch als Wertkate-

23 MEW 26.1: 130.

24 MEW 40: 544; bis auf die vorletzte Kursivsetzung alle Á.H.

25 Ebd.: 547.

gorie fungierenden *radikalen Bedürfnisse* (auf die Schlüsselrolle dieses Begriffs in der Marxschen Theorie wollen wir später noch einmal zurückkommen).

Häufig erscheinen aber solche *reinen* Wertbegriffe auch als Konklusion der Kritik des Kapitalismus. Es werden nicht zu viele Lebensmittel produziert im Verhältnis zur vorhandnen Bevölkerung. Umgekehrt. Es werden zu wenig produziert, um der Masse der Bevölkerung *anständig* und *menschlich* zu genügen.«[26]

Doch muss man nicht auf die Beispiele der reinen Wertkategorien zurückgreifen, um zu beweisen, dass jedes Bedürfnis betreffende Urteil mit dem positiven Wert der »reichen menschlichen Bedürfnisse« abgewogen wird. Was sonst diente Marx als Fundament, um die Bifurkation der Luxusbedürfnisse und der notwendigen« Bedürfnisse *abzulehnen?* Wie sonst konnte er eine Gesellschaft *abweisen,* die auf der einen Seite Reichtum, auf der anderen Armut schafft? Laut welchem anderen Maßstab wäre eine Wirtschaftsstruktur *verurteilbar,* weil die Motive ihrer Dynamik die Verwertungsbedürfnisse und nicht die Entwicklungsbedürfnisse des Arbeiters sind? Von welchem anderen Ausgangspunkt könnte er dem Reich der materiellen Produktion als Reich der Notwendigkeit ein anderes Reich *gegenüberstellen,* das Reich der freien Selbstbetätigung, der Freiheit? Wie sonst würde er, immer wieder aufs Neue, *in einem positiven Zukunftsmodell die für die allseitige Betätigung dienende Freizeit und das Aufwachsen der Arbeit zum Lebensbedürfnis so hochschätzen* – den wahren Reichtum der Gesellschaft stets an der ersteren, der Muße messend? Wie sonst könnte er das mit dem Aufhören des Privateigentums zustande kommende individuelle Eigentum und die Verteilung der Güter je nach *individuellem* Bedürfnisse *bejahen?* Mit scharfem Blick wurde Eduard Bernstein des »bewertenden« Verhaltens von Marx gewahr, und wollte es von der ökonomischen *Analyse* der kapitalistischen Gesellschaft loslösen – doch sind die beiden bei Marx untrennbar. Ohne Wertprämissen wäre Marx ein *immanenter* Kritiker des Kapitalismus und ohne immanente Untersuchung des Kapitalismus ein romantischer Antikapitalist.

---

[26] MEW 25: 268; Hervorh. Á.H.

Zweites Kapitel
Über den allgemeinen philosophischen Begriff der Bedürfnisse. Entfremdung der Bedürfnisse

Den allgemeinen philosophischen Begriff der Bedürfnisse entwickelt Marx in den *Ökonomisch-philosophischen Manuskripten* und in der *Deutschen Ideologie.* In den folgenden Ausführungen werden wir uns daher vornehmlich auf diese Werke berufen; ein Teil der Probleme kehrt in den späteren nicht zurück, zumindest nicht in der Form einer zusammenhängenden Konzeption. Ein anderer Teil erscheint in den späteren Werken in ähnlicher oder modifizierter Interpretierung. Sofern wir Angaben bezüglich eines späteren Wandels in diesen Gedankengängen haben (sie erscheinen vornehmlich in den *Grundrissen),* werden sie in unsere Ausführungen eingebaut und mit den Vorstellungen des jungen Marx konfrontiert. Das Bedürfnis des Menschen und der Gegenstand des Bedürfnisses sind *korreliert:* Das Bedürfnis bezieht sich immer auf irgendeinen konkreten Gegenstand oder eine gegenständliche Betätigung. Die Gegenstände »bringen« die Bedürfnisse »zustande« und umgekehrt, die Bedürfnisse die Gegenstände. Das Bedürfnis und sein Gegenstand sind »Momente«, »Seiten« ein und desselben Komplexes.[1] Betrachten wir aber nicht das statische Modell, sondern die *Dynamik* eines »gesellschaftlichen Körpers« (vorausgesetzt, dass dieser »gesellschaftliche Körper« die Dynamik zulässt), so hat das Moment der *Produktion* den Primat: Es ist die Produktion, die *neue* Bedürfnisse schafft. Allerdings steht auch die Bedürfnisse schaffende Produktion bereits in Korrelation mit den schon vorhandenen Bedürfnissen: »Die verschiedene Gestaltung des materiellen Lebens ist natürlich jedes Mal abhängig von den schon entwickelten Bedürfnissen, und sowohl die Erzeugung wie die Befriedigung dieser Bedürfnisse ist selbst ein historischer Prozess.«[2]

Unter »Gegenstand« des Bedürfnisses ist selbstverständlich nicht nur dingliche Gegenständlichkeit zu verstehen. Die Welt ist

---

1 MEW 3: 28–31.

2 Ebd.: 71.

in ihrer Gesamtheit eine objektive Welt, *jedes gesellschaftliche Verhältnis, jedes gesellschaftliche Produkt ist Objektivation des Menschen.* (Später wird Marx stärker zwischen Objektivation und Vergegenständlichung differenzieren, doch bedeutet die, hinsichtlich der Bedürfnistheorie, keine Modifizierung der Theorie.) Im Vergegenständlichungsprozess des Menschen kommen die menschlichen Sinne zustande, und es ist das einmal bereits vorhandene vergegenständlicht-menschliche Verhältnis, das die menschlichen Bedürfnisse und Sinne, zumindest der Möglichkeit nach, in jedem Menschen entwickelt: »[A]lso die Vergegenständlichung des menschlichen Wesens, sowohl in *theoretischer als praktischer Hinsicht,* gehört dazu, sowohl um die *Sinne* des Menschen *menschlich* zu machen als um für den ganzen Reichtum des menschlichen und natürlichen Wesens entsprechenden *menschlichen Sinn* zu schaffen.«[3] Der *höchststehende Gegenstand* des menschlichen Bedürfnisses ist der *andere Mensch.* Mit anderen Worten: Der Humanisierungsgrad der menschlichen Bedürfnisse ist daran zu messen, wieweit der Mensch ein Ziel zum höchsten Gegenstand des Bedürfnisses des anderen Menschen *geworden* ist.

Auch die tierischen Bedürfnisse sind stets auf Gegenstände gerichtet. Doch sind die tierischen Bedürfnisse und deren Gegenstände durch die *biologische* Konstitution des Tiers »gegeben«. Sie können sich zwar entwickeln, doch haben wir es dann mit einer Entwicklung der *Art* zu tun. Die menschlichen Bedürfnisse richten sich aber, mit dem Zurückweichen der Naturschranken, immer mehr auf die *Vergegenständlichung* (im Sinn der Betätigung und der Objektivation gleichwohl). Der Mensch schafft die Gegenstände seines Bedürfnisses und schafft zugleich auch die zur Befriedigung dienenden Mittel (die beiden können einander entsprechen, doch nicht unbedingt). Die Entstehungsgeschichte des Menschen ist im Grunde genommen die Entstehungsgeschichte der Bedürfnisse.

Die hier formulierte Theorie der »Genese« tritt bei Marx sogar zweimal in Erscheinung, und zwar an zwei nahe aneinander liegenden Stellen in der *Deutschen Ideologie:* »Die erste geschichtliche Tat ist also die Erzeugung der Mittel zur Befriedigung dieser [nämlich

---

[3] MEW 40: 542; die letzten drei Hervorh. Á.H.

der tierischen – Á.H.] Bedürfnisse«;[4] später »und diese Erzeugung neuer Bedürfnisse ist die erste geschichtliche Tat«.[5] Die beiden Zitate drücken *ein und denselben* Gedanken aus verschiedenen Sichten aus. Sofern wir nämlich Werkzeuge schaffen, um unsere Bedürfnisse zu befriedigen, so ist das Bedürfnis für Werkzeuge bereits ein *neues,* vom tierischen sich unterscheidendes Bedürfnis. Mit dem poetischen Ausdruck »erste geschichtliche Tat« wird also das Zustandebringen der neuen, in der biologischen Konstitution *nicht gegebenen* Bedürfnisse bzw. Bedürfnisqualitäten beschrieben.

Das menschliche Bedürfnis kommt also im Zuge der Vergegenständlichung zustande; den Menschen, der in die menschliche Gesellschaft hineingeboren wird, »lenken« und »steuern« in der Ausgestaltung seiner Bedürfnisse die Gegenstände dieser Bedürfnisse. Die Bedürfnisse sind in den Objektivationen und in der vergegenständlichten Welt überhaupt »aufgegeben« und es sind die sich vergegenständlichenden Betätigungen, die neue Bedürfnisse zustande bringen. Die Gegenstandorientiertheit der Bedürfnisse bedeutet zugleich auch *den aktiven Charakter* der Bedürfnisse. Diese sind gleichzeitig Leidenschaften und *Fähigkeiten* – Leidenschaften und Fähigkeiten zur Aneignung des Gegenstands – wie auch *die Fähigkeiten selber Bedürfnisse sind. Die Fähigkeit der gegenständlichen Betätigung ist somit eines der größten Bedürfnisse des Menschen.* (Das Fundament der – im Folgenden so ausschlaggebenden – Marxschen Konzeption über das Aufwachsen der Arbeit zum »Lebensbedürfnis« liegt eben in dieser philosophischen Konzeption.)

Wir selbst möchten allein das menschliche, das auf Objektivation bezogene und von solcher gelenkte Bedürfnis überhaupt Bedürfnis nennen; beim Tier geht es eher um Bedarf, Instinkt, »Drive« usw. Dies ist selbstverständlich nur Frage der Definition und unseres Erachtens nur insoweit wichtig, als es bei der Untersuchung *der vergesellschaftlichten Psyche* entscheidend sein kann – bei der Untersuchung dessen, wie die Bedürfnisse die menschlichen Instinkte, »Drives«, des Weiteren die auf die *einzelhaften* Gegenstände der Bedürfnisse gerichteten Wünsche, Leidenschaften und

[4] MEW 3: 28.

[5] Ebd.

Sehnsüchte lenken. Beim Tier kann man zwischen der »Haltung der Objekte« und dem einzelnen Objekt eines »Drive« nicht solcherart differenzieren. Das Bedürfnis als auf qualitativ verschiedene *Klassen* von Gegenständen ausgerichteter Anspruch – den die »Vergegenständlichungen« selbst »schaffen« – und *der von diesen Bedürfnissen gelenkte individuelle Wunsch* nach konkreten Einzelnen dieser Gegenstände (wobei ersteres immer auch ein *Wertverhältnis* ist, während das zweite es nicht unbedingt sein muss) ist ein komplexes Phänomen, demzufolge die eigenartig historisch-anthropologische Anwendung des Bedürfnis-Begriffs mindestens sinnvoll erscheint. Das gilt nicht nur in Hinsicht der von biologischen Triebfedern vollkommen »freien« Bedürfnisse oder Wünsche. Das auf die Mutter ausgerichtete sexuelle Bedürfnis steht etwa seit Jahrtausenden im Gegensatz zu den gesellschaftlichen Normen des Sexualbedürfnisses (dem im Bedürfnis inhärenten Wertverhältnis) – ansonsten würde es ja auch keinen »Komplex« (im psychologischen Sinne des Wortes) herbeiführen.[6]

Man soll nicht meinen, dass wir von der Analyse von Marxens Gedanken abgeschweift sind. Marx unternimmt nämlich ebenfalls mancherorts den Versuch, die Bedürfnisse und die auf konkrete »Gegenstände« gerichteten Wünsche voneinander abzusondern.

In der Untersuchung des psychologischen Verhältnisses zu den Bedürfnissen (des psychologischen Aspekts der Bedürfnisse) zeigt sich Marx im Wesentlichen »aufklärerisch« und sein Gedankengang unterscheidet sich kaum von dem Fouriers. In der *Deutschen Ideologie* schreibt er, mit Stirner debattierend, etwa: »Ob eine Begierde fix wird oder nicht [...], das hängt davon ab, ob die materiellen Umstände [...] erlauben, diese Begierde *normal* zu befriedigen und andrerseits eine Gesamtheit von Begierden zu entwickeln. Dies letztere wieder hängt davon ab, ob wir in Umständen leben, die uns eine allseitige Tätigkeit und damit eine Ausbildung aller An-

---

[6] In diesem Fall sind die Gegenstände des Bedürfnisses (also die Bedürfnisse selbst) für die biologische Triebfeder, die als allgemein fungiert (es handelt sich z.B. um sexuelle oder Ernährungsdrive) gesellschaftlich oder – infolge der Interiorisation – individuell »aufgegeben«.

lagen gestatten.«[7] In einer Passage, die aus dem Manuskript derselben Arbeit schließlich gestrichen wurde, nimmt er diese Frage gründlich unter die Lupe. Wir finden es berechtigt, diese Passage in unsere Betrachtungen einzubeziehen, da sie offensichtlich nicht deshalb gestrichen wurde, weil Marx das dort Ausgeführte nicht als sein Eigen betrachtete. Der Gedankengang entspricht nämlich dem Wesen nach dem vorherigen, der in die endgültige Fassung aufgenommen wurde, und lautet folgendermaßen: »Die kommunistische Organisation wirkt in doppelter Weise auf die Begierden, welche die heutigen Verhältnisse im Individuum hervorbringen; ein Teil dieser Begierden, diejenigen nämlich, welche unter allen Verhältnissen existieren und nur der Form und Richtung nach von verschiedenen gesellschaftlichen Verhältnissen verändert werden, wird auch unter dieser Gesellschaftsform nur verändert, indem ihnen die Mittel zur *normalen* Entwicklung gegeben werden; ein anderer Teil dagegen, diejenigen Begierden nämlich, die ihren Ursprung nur einer bestimmten Gesellschaftsform [...] verdanken, wird ganz und gar seiner Lebensbedingungen beraubt.«[8] Im Folgenden schreibt Marx über »Begierden«, deren Fixität nicht aufhebbar ist, diejenigen also, die auf biologischen Triebfedern beruhen, und fährt fort: Die Kommunisten »erstreben nur eine solche Organisation der Produktion und des Verkehrs, die ihnen die *normale, d.h. nur durch die Bedürfnisse selbst beschränkte, Befriedigung aller Bedürfnisse* möglich macht«.[9]

Wir wollen vor allem bemerken, dass der Wertmaßstab »normal« in allen drei Zitaten eine ausschlaggebende Rolle hat. (»Normalität« gilt bei Marx übrigens häufig als Wertmaßstab; man denke an die Einleitung der *Kritik der politischen* Ökonomie, in der von den antiken Griechen als der »normalen« Kindheit der Menschheit die Rede ist.) Ist der Mensch reich an Bedürfnissen, und setzen der Befriedigung seiner Bedürfnisse nur andere Bedürfnisse Grenzen, werden die Wünsche in ein »normales« Bett geschleust, sie wer-

[7] MEW 3: 237; Hervorh. Á.H.

[8] Ebd.: 238f.; Hervorh. Á.H.

[9] Ebd.; Hervorh. Á.H.

den nicht ausschließlich auf einen *einzigen* Gegenstand fixiert und sind somit »normal« befriedigbar.

Obwohl Marx des Weiteren auf die psychologischen Aspekte der Bedürfnisse nicht eingeht, zeigt jeder Zusammenhang klar, dass Marx seinen aufklärerisch-rationalistischen Gesichtspunkt in dieser Frage nie aufgegeben hat. Es geht nicht nur darum, dass er in der Gesellschaft der »assoziierten Produzenten« mit einer von der heutigen von Grund auf *verschiedenen* Bewusstseins- *und* psychischen Struktur rechnet, sondern auch darum, dass er diese *Möglichkeit* und sogar diesen Prozess nie in Frage stellt; er wirft sogar die Frage des Tempos, mit dem dieser psychische Wandel vor sich gehen soll, nicht auf. Indem die Menschen die Gesellschaft verändern, verändern sie auch sich selber radikal – das ist ein »natürlicher« (d.h. »normaler«) Prozess, dessen Ausgang nicht zu bezweifeln ist. Um Missverständnissen vorzubeugen, möchte ich gleich erklären, dass ich nicht den Standpunkt der »ewigen menschlichen Natur« Marx gegenüber verteidigen will. Zur Wahl des Kommunismus gehört ja die Bejahung der *Möglichkeit* dessen hinzu, dass sich die Psyche des Menschen im Zuge der Aufhebung der Entfremdung tatsächlich *radikal* verändert. Teils ist aber dieser Prozess viel länger und komplizierter als Marx gedacht hatte, teils glaube ich nicht, dass es eine Gesellschaft (und eine menschliche Psyche) geben könnte, in der eine Kollision zwischen Wünschen und Bedürfnissen unmöglich wäre. Die Tatsache, dass der Befriedigung von Bedürfnissen nur andere Bedürfnisse Grenzen setzen, sagt noch nichts über das Verhältnis zwischen Begierde und Bedürfnis aus. Ferner kann die Prädikation, wonach den Bedürfnissen nur andere Bedürfnisse Schranken stellen, hinsichtlich der gegenseitigen Beziehung der *befriedigbaren* Bedürfnisse wahr sein (obwohl es auch in diesem Fall fraglich ist, *was für* Bedürfnisse *welche* Bedürfnisse beschränken), nicht aber mit Allgemeingültigkeit, da die (materiellen) Bedürfnisse durch die Produktion begrenzt sind, während anderen Bedürfnissen die verschiedentlichst heterogenen »Gegenstände« von Bedürfnissen Schranken setzen.

Den Schwerpunkt der philosophischen Analyse der Bedürfnisse bildet bei Marx das Problem der *Entfremdung der Bedürfnisse.* Als Wertmaßstab dient, wie gesehen, auch in dieser Hinsicht der »an

Bedürfnissen reiche« Mensch. Die Entfremdung der Bedürfnisse kommt der *Entfremdung dieses Reichtums* gleich.

Der »an Bedürfnissen reiche Mensch« ist in einer Hinsicht eine *bewusste philosophische Konstruktion* und beruht nicht auf empirischen Fakten. Nie hat es eine Gesellschaft gegeben, in der die Mitglieder *gleich welcher* Klasse oder Schicht typischerweise »reich an Bedürfnissen« gewesen wären. Das Individuum der antiken Gesellschaft war es zwar *dem Anschein nach,* doch war dieser Reichtum ein *bornierter,* der Reichtum eines Menschen, der sich von der Nabelschnur der »naturgegebenen Gemeinschaft« noch nicht losgelöst hat. Zwar war diese Epoche maßgeblich von dem Zustandekommen »menschlicher« und »theoretischer« Sinne gekennzeichnet; ebenso stimmt es auch, dass innerhalb der Bedürfnisstruktur die Qualität und nicht die Quantität die Dominanz hatte.[10] Die Gemeinschaftsstruktur aber, die der unendlichen Ausdehnung von Produktion und somit Bedürfnissen Grenzen setzt, legt nicht nur die »Borniertheit« der Vielseitigkeit des Individuums fest, sondern macht auch die geschichtliche Periode der Universalität (der reichen Bedürfnisse) kurz, ephemer und »zurücknehmbar« – wie sie auch in späteren Zeiten durch die historische Entwicklung zurückgenommen wurde.

Ferner sind die Bedürfnisse innerhalb der Arbeitsteilung der auf »natürlichen Gemeinschaften« fußenden Gesellschaften qualitativ »aufgeteilt«. Der Leibeigene hatte nicht deshalb qualitativ andere Bedürfnisse wie der Gutsherr, weil er die Gegenstände seiner Bedürfnisse »nicht kaufen« konnte: Sie waren »*naturgegebenerweise*» (im Sinne des natürlichen Charakters des gemeinschaftlichen Lebens) qualitativ verschieden. Schon deshalb mussten die Bedürfnisse einseitig, borniert bleiben, sie konnten sich *nicht individualisieren* und waren samt und sonders der ständischen Struktur untergeordnet. »Die Genüsse *aller bisherigen Stände und Klas-*

---

[10] Im Kapital betont Marx häufig die Überlegenheit der antiken Denker in dieser Hinsicht, verglichen mit den Ideologen der bürgerlichen Gesellschaft, wobei er sich bald auf Platon, bald auf Aristoteles beruft. Er erlaubt sich sogar das Apercue, dass man die Expropriation, die die griechischen Tragödiendichter und Philosophen hervorgebracht hat, anders beurteilen müsse als diejenige, die es nur bis zum Hervorbringen eines Textilmagnaten gebracht hat.

sen mussten überhaupt entweder kindisch, ermüdend oder brutal sein, weil sie immer von der gesamten Lebenstätigkeit, dem eigentlichen Inhalt des Lebens der Individuen getrennt waren, und sich mehr oder weniger darauf reduzierten, dass einer inhaltlosen Tätigkeit ein scheinbarer Inhalt gegeben wurde.«[11] Das »an Bedürfnissen reiche« Individuum als gesellschaftlich charakteristischer Typus ist also eine philosophische Konstruktion, die sich erst *in Zukunft* verifizieren kann, die aber, laut Marx, in Zukunft entstehen *muss*: »Weder die Natur – objektiv – noch die Natur subjektiv ist unmittelbar dem *menschlichen* Wesen adäquat vorhanden.«[12]

Wir haben gesagt, der Begriff des »an Bedürfnissen reichen« Menschen sei auch laut Marxens Intention eine teilweise rein philosophische Konstruktion. Doch versucht Marx stets diese Konstruktion mit – zwar Wertakzente enthaltenden – empirischen Fakten zu untermauern. Genau dazu dient der Begriff des »menschlichen Wesens«.[13] Das menschliche Wesen (der Reichtum des Menschen), dessen begriffliche Konstituenten Universalität, Bewusstsein, Gesellschaftlichkeit, Objektivation und Freiheit sind, kam mit Dynamis-Charakter zustande, als der Mensch sich zum Menschen erhoben hat. Das charakterisiert den Menschen als Gesellschaftswesen im Gegensatz zur Tierwelt, das sind die *Möglichkeiten der Gattung an sich.* Im Zuge ihres Entwicklungsprozesses kann die Menschheit nichts anderes verwirklichen als ihre eigenen, gattungsmäßig gegebenen Möglichkeiten. In den Klassengesellschaften entwickelt sich die »Gattungsmäßigkeit« über Gegensätze. Auf gesamtgesellschaftlicher Ebene entfalten die Menschen ihre gattungsmäßigen Gegebenheiten (zumindest bis zu einem gewissen Grad), doch haben die einzelnen Individuen am gesamtgesellschaftlichen Reichtum nicht teil. Das der Arbeitsteilung untergeordnete Individuum bleibt arm (im weiteren Sinne des Wortes Armut), und zwar parallel zur Be-

---

[11] MEW 3 404; Hervorh. Á.H.

[12] MEW 4: 579.

[13] Da die Marxsche Konzeption über das »menschliche Wesen« in der Studie Marxismus und Anthropologie von György Markus eingehend analysiert worden ist, auf welcher Grundlage ich selbst ebenfalls öfter darüber geschrieben habe (vgl. Hypothese zu einer marxistischen Werttheorie), wird die Frage hier nur flüchtig berührt.

reicherung der Gattung; am bisher erreichten Höhepunkt der Bereicherung der Gattung, im Kapitalismus, erreicht die individuelle Verarmung ebenfalls ihren Gipfel. Infolge der Aufhebung der Entfremdung (der Aufhebung des Privateigentums bzw. der Subsumierung unter die Arbeitsteilung) wird *jedes* Individuum teilhaben können am gesamtgesellschaftlichen Reichtum (sowohl hinsichtlich des Genusses als auch der Betätigung), der ebenfalls eine neue, höherstehende Form annimmt. Erst dann wird der Mensch ein gattungsmäßiges Wesen auch für sich, erst dann wird die »innere« ebenso wie die »äußere« Natur dem menschlichen Wesen »adäquat«.

Eine für die Klassengesellschaften stets kennzeichnende Form der Entfremdung ist laut Marx die Religion. In ihr – und im höchsten religiösen Gegenstand, im »Gott« – treten die Wesenskräfte des Menschen in Erscheinung als ihm fremde, ihn beherrschende Kräfte. Im *religiösen Bedürfnis* kommt daher die Entfremdung selbst (die Entfremdung des Gegenstands sowie des *menschlichen* Bedürfnisses) zum Ausdruck. Den Schlüssel zur Heiligen Familie bietet aber die irdische Familie. Die religiöse Entfremdung und das religiöse Bedürfnis werden erst verschwinden, wenn die Menschen die Entfremdung in dieser »irdischen« Welt aufheben. Dem bloßen Atheismus (einem Versuch, eine Form der Entfremdung mit Hilfe einer anderen Entfremdungsform zu besiegen) muss man daher den Kommunismus gegenüberstellen: Die Bewegung, die die Diskrepanz zwischen menschlicher Gattung und Einzelnem, zwischen Wesen und Sein *allgemein* beseitigt und somit das religiöse Bedürfnis als *Bedürfnis* aufhebt.

In der Interpretierung von Marx ist die Entfremdung nicht eine Art seit langem »fertigstehende« »Verzerrung« des Gattungswesens oder der menschlichen Natur – das Wesen des Menschen entwickelt sich innerhalb der Entfremdung selbst und diese schafft die Möglichkeit für das Zustandekommen des »an Bedürfnissen reichen« Menschen. Die Ausführungen Marxens werden geradezu pathetisch, wenn er über die universalierenden, bereichernden Funktionen genau der kapitalistischen Gesellschaft schreibt. Da die einschlägigen Texte allgemein bekannt sind, sei hier nur eine kurze Passage zitiert: »[D]ie Entwicklung der Naturwissenschaft daher zu ihrem höchsten Punkt; ebenso die Entdeckung, Schöpfung und Befriedigung neuer aus der Gesellschaft selbst hervorgehenden Bedürfnisse; die Kultur aller Eigenschaften des gesellschaftlichen Menschen und Produktion desselben als möglichst Bedürfnisreichen, weil Eigenschafts- und Beziehungsreichen [...] ist ebenso eine Bedingung der auf das Kapital gegründeten Produktion.«[14] Doch ist der Kapitalismus nicht nur Hervorbringer neuer (gesellschaftlicher) Bedürfnisse und Fähigkeiten. Indem er das Warenverhältnis verallgemeinert, bringt er *das Geld als quantitative »Verkörperung« des gesellschaftlichen Reichtums* zustande. Nunmehr werden die Bedürfnisse je nach ihrer Qualität nicht von der »naturgegebenen« Arbeitsteilung aufgeteilt; *im Prinzip* ist kein einziges Mitglied der Gesellschaft von der Befriedigung der Bedürfnisse jedwelcher Qualität ausgeschlossen – man muss lediglich die Gegenstände der Bedürfnisse erkaufen.

Gleichzeitig setzt aber der Bereicherung der Bedürfnisse – die in diesem Ausmaß ein Geschöpf des Kapitalismus ist – der Kapitalismus als gesellschaftliches Verhältnis selbst Grenzen. Und zwar, laut Marx, in zweierlei Beziehungen. Teils indem er die Armut reproduziert (für das Proletariat u.a. *auch sensu stricto,* für die Bourgeoisie im *philosophischen Sinn* des Wortes), teils indem er letzten Endes der Entwicklung der Produktivkräfte Grenzen setzt (teils infolge des Gesetzes der ständig fallenden Rate des Profits, teils infolge der periodisch immer wieder notwendigerweise erscheinenden Krisen), teils infolge der Degradierung der höchsten Produktivkraft, des Arbeiters.

Die Tatsache, dass der Kapitalismus »vielseitige, reiche« Bedürfnisse schafft, während er die Menschen verarmen lässt, die Arbeiter zu »Bedürfnislosen« macht, erhält bei Marx nicht von ungefähr emphatischen Nachdruck. Hier tritt das Thema der »radikalen Bedürfnisse« ein, und dieses ist, wie wir noch sehen werden, sozusagen das Leitmotiv der Marxschen »Komposition«. Der »an Bedürfnissen reiche Mensch« ist ein philosophisch konstruierter Begriff, das »menschliche Wesen« ist, obwohl auch empirisch fundiert, doch »nur« (und »nur« ist hier nicht pejorativ gemeint) eine Wertkategorie. Wenn aber die Forderung, das »Gattungswesen«

---

[14] MEW 42: 322f.

zu realisieren, wenn die Idee des nur in Zukunft verifizierbaren »an Bedürfnissen reichen« Menschen nur im Gehirn des »Privatphilosophen oder Privatkritikers« Karl Marx aufgekommen war – wer wird dann den Kapitalismus stürzen und warum? Wer wird ihn nicht nur zum Fall bringen, sondern auch *in der Richtung transzendieren,* in welche Richtung sich die Gedanken von Marx gekehrt hatten – selbst, wenn er gegen den Ausdruck des »zu verwirklichenden Ideals« protestiert hatte? Die Theorie, die die Massen ergreift, wird zur materiellen Gewalt, aber *nur wenn die Bedürfnisse bereitstehen, sie aufzunehmen.* Die höchstgradigste Entfremdung muss das Bedürfnis auf die Transzendierung der Entfremdung, den Reichtum, die Realisierung des »Gattungswesens« hervorbringen. Das ist das größte Paradoxon von Marxens Entfremdungstheorie – ein Paradoxon, das, wie wir hoffen, sich als die Formulierung der realen Möglichkeiten beweist.

Untersuchen wir nunmehr, auf den Spuren von Marx, die Entfremdung der Bedürfnisse im Kapitalismus. Die außerordentlich komplizierten Ausführungen wollen wir zu vier Problemkreisen aufteilen: 1. das Mittel- und Zielverhältnis; 2. Qualität und Quantität; 3. Verarmung (Reduktion) und schließlich 4. das Interesse.

1. In der entfremdeten Entwicklung bzw. im entfremdeten »Zustand« des Reichtums wird jedes Ziel zum Mittel und jedes Mittel zum Ziel. Diese Mittel-Ziel-»Umkehrung« kommt in jedem Moment des menschlichen Wesens zum Ausdruck.

Wie darauf bereits hingewiesen, ist vor allem bei »normalen« bzw. »menschlichen« Verhältnissen das höchste Ziel des Menschen der andere Mensch. Die Entfremdung verwandelt auch dieses höchste Ziel zum Mittel, der Mensch wird für den anderen Menschen zum bloßen Mittel: zum Mittel zwecks Befriedigung seiner Privatziele, seiner Habsucht.

Die Arbeit besitzt in allen Gesellschaften einen *doppelten* Charakter: als abstrakte Arbeit und als konkrete Arbeit. Das Ziel der konkreten Arbeit ist die Befriedigung der menschlichen Bedürfnisse; in diesem Zusammenhang ist die Arbeitsverrichtung selbst das Mittel. In der Entfremdung (und insonderheit im Kapitalismus) kehrt sich das der Arbeit inhärente Ziel-Mittel-Verhältnis ins Gegenteil um.

In der Gesellschaft der Warenproduktion dient der Gebrauchswert (das Ergebnis der konkreten Arbeit) *nicht* der Befriedigung der Bedürfnisse. Ihr Wesen besteht geradezu darin, die Bedürfnisse des *Nichtbesitzers* zu befriedigen. Es ist dem Arbeiter vollends gleichgültig, was für Gebrauchswerte er herstellt – zu diesen steht er in keinerlei Beziehung. Wohl aber ist es die *abstrakte Arbeit,* die er zwecks Befriedigung seiner Bedürfnisse verrichtet: Er arbeitet deshalb, und ausschließlich nur deshalb, um sich zu erhalten, um seine bloßen »notwendigen« Bedürfnisse zu befriedigen. Den Höhepunkt erreicht der Prozess, in dem die Arbeitsverrichtung zum bloßen »Mittel« wird, in der Maschinerie. »Während die Maschinenarbeit das Nervensystem aufs Äußerste angreift, unterdrückt sie das vielseitige Spiel der Muskeln und konfisziert alle freie körperliche und geistige Tätigkeit. Selbst die Erleichterung der Arbeit wird zum Mittel der Tortur, indem die Maschine nicht den Arbeiter von der Arbeit befreit, sondern seine Arbeit vom Inhalt.«[15]

Die Entwicklung der Produktivkräfte in der »rein gesellschaftlichen« Gesellschaft hat das »normale« Ziel, die Arbeit des Arbeiters zu erleichtern (ihn von den brutalen, unmenschlichen Formen der Arbeit zu befreien), die Arbeitszeit zu vermindern und größeren Reichtum für jedermann zu produzieren. Doch auch in dieser Hinsicht kehrt sich das Mittel-Ziel-Verhältnis um. Da bei kapitalistischen Verhältnissen das Ziel der Produktivitätssteigerung die Produktion von Mehrwert ist, wird die Produktivitätssteigerung ebenfalls nur zum Mittel. Gleichzeitig erleichtert sie die Arbeit des Arbeiters nicht, sie macht sie sogar noch unmenschlicher. Ebenso wird dadurch auch die Arbeitszeit nicht verkürzt, sondern verlängert, und schließlich produziert und reproduziert sie, parallel zur Produktion des Reichtums, auch die Armut (im direkten sowie im philosophischen Sinn des Wortes).[16]

---

[15] MEW 23: 445f.

[16] Eine Zeitlang wurde die Arbeitszeit infolge der wachsenden Produktivität kürzer: seit Mitte bis Ende des 19. Jahrhunderts um etwa ein Drittel (in den kapitalistischen Ländern). Doch muss man dessen gewahr werden, dass seit fast hundert Jahren die tatsächliche Kürzungstendenz der Arbeitszeit stagniert: Sie ist durchschnittlich nicht unter acht Stunden am Tag gesunken. Heute ist man

Das Ziel der gesellschaftlichen Produktion ist, so Marx, die Befriedigung der gesellschaftlichen Bedürfnisse. Doch produzieren die kapitalistische Industrie und Landwirtschaft *nicht* für die Bedürfnisse, nicht zwecks ihrer Befriedigung. Das Ziel der Produktion ist die Verwertung des Kapitals, wozu die Befriedigung der Bedürfnisse (auf dem Markt) lediglich Mittel ist.

Einer »Umkehrung« des Zweck-Mittel-Verhältnisses sind wir auch hinsichtlich der *gesellschaftlich-gemeinschaftlichen* Verhältnisse Zeugen. Bei »normalen Verhältnissen« erfüllt die Gemeinschaft – wir werden darauf noch zurückkommen – eine Ziel-Funktion: das bloße Gemeinschaftlich-Beisammensein, der gemeinsame Genuss ist eine der höchststehendsten Formen des Bedürfnisses und der Bedürfnisbefriedigung: »[D]ie *gemeinschaftliche* Tätigkeit und der *gemeinschaftliche* Genuss, d.h. die Tätigkeit und der Genuss, die unmittelbar in *wirklicher Gesellschaft* mit andren Menschen sich äußert und bestätigt, überall da stattfinden werden, wo jener *unmittelbare* Ausdruck der Gesellschaftlichkeit im Wesen ihres Inhalts begründet und seiner Natur angemessen ist.«[17] Am Gipfelpunkt der Entfremdung (im Kapitalismus) verschwindet aber die eigentliche Gemeinschaft, da das Warenverhältnis zur einzigen Pseudo-»Gemeinschaft« wird: Die gesellschaftlichen Ziele und Inhalte (wie auch das gesellschaftliche Beisammensein) werden zu Mitteln der Privatziele von Privatmenschen: »Erst [...] in der ›bürgerlichen Gesellschaft‹ treten die verschiedenen Formen des gesellschaftlichen Zusammenhangs dem Einzelnen als bloßes Mittel für seine Privatzwecke entgegen, als äußerliche Notwendigkeit.«[18] Gleichzeitig ist Marx der Auffassung, dass die kommunistische Bewegung als Bewegung fähig wäre, die »Normalität« des Ziel-Mittel-Verhältnisses in dieser Hinsicht herzustellen. Das Ziel der Zusammenkünfte der kommunistischen Handwerker war *ursprünglich* die Propaganda. »Aber zugleich eignen sie sich dadurch ein neues Bedürfnis, das *Bedürfnis der Gesellschaft,* an, und was

---

sogar Zeuge eines langsamen Wachstums. In den Vereinigten Staaten schwankt die tatsächliche Arbeitszeit zwischen 8,5 bis 9 Stunden!

[17] MEW 40: 538.

[18] MEW 42: 20.

als *Mittel* erscheint, ist nun Zweck geworden.«[19] Das Bedürfnis der Gemeinschaftlichkeit (Bedürfnis für Gemeinschaft) wird vom Mittel-Bedürfnis zu einem Zweck-Bedürfnis – deshalb widerspiegelt sich auf dem Antlitz dieser Arbeiter der »Adel der Menschheit«.[20]

Last but not least wird selbst der *Reichtum* der Bedürfnisse zum Mittel, anstatt Ziel zu sein. »Jeder Mensch spekuliert darauf, dem andern ein *neues* Bedürfnis zu schaffen. [...] Jeder sucht eine *fremde* Wesenskraft über den andern zu schaffen, um darin die Befriedigung seines eigenen eigennützigen Bedürfnisses zu finden.«[21] Der Kapitalismus ist der Kuppler, der durch Schaffung neuer und aberneuer Gegenstände, durch Hervorbringen neuer und aberneuer Bedürfnisse die Menschen zu Dirnen der Bedürfnisse macht. Das zahlenmäßige Wachstum der Bedürfnisse kann nie zu wahrem Reichtum werden, weil es einfach *Mittel* einer den Individuen fremden, entfremdeten Wesenskraft, der Steigerung der kapitalistischen Produktion ist: »die Ausdehnung der Produkte und der Bedürfnisse zum *erfinderischen* und stets *kalkulierenden* Sklaven unmenschlicher, raffinierter, unnatürlicher und *eingebildeter* Gelüste wird«.[22]

In der vorliegenden Untersuchung des Problems berücksichtigen wir die »Eingebildetheit« oder »Erfinderischheit« der »Gelüste« nicht. »Eingebildete« Bedürfnisse aber gibt es nicht. Welche Bedürfnisse wir aber für »normal« betrachten und welche (mit negativem Akzent) für »raffiniert«, hängt vollends davon ab, mit welchen Worten wir die »Normalität« definieren. Selbst wenn wir aber hierfür ein sogenanntes *objektives* Kriterium suchen, können wir nichts anderes sagen, als dass zu jeder Zeit jene Bedürfnisse »normal« waren, die die Menschen als solche beurteilten; »raffiniert« oder »unnatürlich« hingegen diejenigen, die von der Mehrheit der Menschen als solche befunden wurden.[23] Bei Marx selber ist der Begriff der »raffinierten« Bedürfnisse recht zweideutig. Er

---

19 MEW 40: 553; Hervorh. Á.H.

20 Ebd.: 554.

21 Ebd.: 546f.

22 Ebd. 547.

23 Hierüber mehr in meiner Studie Hypothese zu einer marxistischen Werttheorie.

versteht darunter teils die sogenannten »Luxusbedürfnisse«, von denen bereits nachgewiesen worden ist, dass sie nur ökonomisch interpretierbar sind, philosophisch bilden sie eine irrelevante »Bedürfnisgruppe«. Zum andren – näher in anderem Zusammenhang – bedeuten sie bei ihm *die »Akkumulationen« einen Typus von Bedürfnissen,* gekennzeichnet durch den Umstand, dass *das Streben nach ihrer Befriedigung die Entfaltung der eigentlichen reichen Bedürfniswelt, der qualitativ, vielseitigen Bedürfniswelt nicht gewährleistet, sondern unterbindet.*

Wenn wir nun, im Zuge der Analyse der Gesamtkonzeption, die »raffinierten« oder »kalkulierten« Bedürfnisse in diesem letzteren Sinn interpretieren, so ist es nicht übertrieben zu behaupten, dass Marx das Problem der »manipulierten Bedürfnisse« bzw. der »Bedürfnismanipulierung« entdeckt hat. Das gegebene Bedürfnis wird nicht infolge seiner konkreten *Qualität* zu einem »manipulierten« Bedürfnis, sondern infolge folgender Faktoren:

a) Immer wieder neue Gegenstände der Bedürfnisse und somit immer wieder neue Bedürfnisse kommen dort zustande, wo die Produktion bestimmter Waren (und der diese betreffenden Bedürfnisse) vom Gesichtspunkt der Kapitalverwertung am rentabelsten ist.

b) Infolgedessen ist das eigentliche Ziel in der Tat die Befriedigung der Bedürfnisse einer »fremden Wesenskraft«; die Schaffung und Befriedigung individueller Bedürfnisse ist tatsächlich nur Mittel in Händen dieser »Wesenskraft«, selbst wenn sie dem Individuum als Ziel erscheint.

c) Infolge des Mechanismus der kapitalistischen Produktion ist der Bedürfnisanstieg innerhalb einer, *zu einem bestimmten Typus gehörenden* Bedürfnisgruppe, die Orientiertheit der Einzelnen auf die Befriedigung dieser Bedürfnisse tatsächlich typisch, während andere, nicht der Kapitalverwertung dienende oder diese sogar durchkreuzende, für die menschliche Persönlichkeit jedoch ausschlaggebende Bedürfnistypen schwinden, sie nicht oder nicht entsprechend entwickeln. (So bringt die Bereicherung der individuellen Konsumgüter mit ständig neuen Artikeln eine solche Menge auf diese ausgerichtete Bedürfnisse hervor, dass dies zum Hemmschuh des Freiheit-Bedürfnisses wird bzw. dessen Entfaltung behindert.)

d) Die individuelle Freiheit ist also eine scheinbare: Nicht aufgrund seiner Persönlichkeit, sondern vor allem aufgrund seines in der Arbeitsteilung innehabenden Platzes trifft der Einzelne seine Wahl hinsichtlich der Gegenstände seiner Bedürfnisse und gestaltet auch seine persönlichen Bedürfnisse dementsprechend aus.

e) In einer bestimmten Beziehung wird das Individuum zwar reicher (es wird mehr Bedürfnisse und Bedürfnis-Gegenstände haben) doch stellen dieser einseitigen Bereicherung keine anderen Bedürfnisse Grenzen, und da die vielseitige Entfaltung des Individuums *nicht Ziel ist,* wird der Einzelne zum *Sklaven* der einseitig sich entwickelnden Bedürfnisgruppe.

Seit Marxens Analyse hat sich die Lage nur insoweit verändert (welche Veränderung zwar bedeutend, doch nicht im Hinblick auf das hier behandelte Problem bedeutend ist), dass die manipulierten Bedürfnisse heute nicht mehr nur die herrschenden Klassen der Gesellschaft kennzeichnend, sondern – zumindest in den entwickelten kapitalistischen Ländern – die Mehrzahl der Bevölkerung.[24]

2. Die Bedürfnisse hinsichtlich des Besitzes von Gütern können sich *ins Unendliche steigern:* Keine anderen Bedürfnisse stellen diesem Wachstum Schranken. Da sich der Besitz vom Gebrauch und vom unmittelbaren Genuss loslöst – die Rolle des Genusses wird vom Besitz selbst übernommen –, ist der Anstieg der Bedürfnisse *quantitativen* Charakters. Ich kann nicht so viel besitzen, um nicht *noch mehr* besitzen zu wollen; ich will mehr »haben«, selbst wenn die konkrete Qualität der Gegenstände in meinem Besitz keinerlei Bedürfnis unmittelbar befriedigt – ich werde diesen konkreten Qualitäten gegenüber indifferent. Was ich besitze, »entwickelt« in mir keine neuen, heterogenen Bedürfnistypen, es wird diese sogar verstümmeln. Der Diamantenhändler hat, wie Marx schreibt, keinen Sinn für die ästhetische Schönheit des Diamanten, weil er in ihm nur eine Verkörperung des Tauschwerts sieht. Echter Reichtum

---

[24] Heute sind wir Zeugen eines Prozesses der beginnenden Auflehnung gegen die Bedürfnis-Manipulierung, vornehmlich in den Vereinigten Staaten. Außerordentlich wichtig ist dabei, dass dieser Prozess mit der »Umkehrung« der Ziel-Mittel-Entfremdung auch in Hinblick auf die Gemeinschaft einhergeht.

ist demgegenüber, wenn sich Bedürfnistypen heterogener Qualität entwickeln.

»Umkehr« des »normalen« Qualität-Quantität-Verhältnisses, Verkörperung und Träger der Quantifizierung der Bedürfnisse ist *das Geld,* das Geldverhältnis. Das Geld ist der rein quantitative Repräsentant des gesellschaftlichen Reichtums. »Die *Quantität* des Geldes wird immer mehr seine einzige *mächtige* Eigenschaft; wie es alles Wesen auf seine Abstraktion reduziert, so reduziert es sich in seiner eignen Bewegung als *quantitatives* Wesen. Die *Maßlosigkeit* und *Unmäßigkeit* wird sein wahres Maß.«[25]

Die im Geldverhältnis zustande kommende »Maßlosigkeit« ist in den hier angeführten *Ökonomisch-philosophischen Manuskripten* mit eindeutig *negativem Wertakzent* beschrieben. Doch haben wir erwähnt, dass sich die Einstellung von Marx zum Kapitalismus zwischen den *Manuskripten* und den *Grundrissen* verändert hat. In den *Grundrissen* steht die Freilegung *des Antinomischen Charakters* des Kapitalismus im Vordergrund, weshalb die Quantifizierung der Bedürfnisse – gemäß den zwei gegensätzlichen Konstituenten der Antinomie – bei doppeltem Wertakzent analysiert wird. Ein Ausdruck dessen ist eine bei Marx sehr bedeutsame *Veränderung des Terminus.* In den *Ökonomisch-philosophischen Manuskripten* dominiert bei der Beschreibung der Geld-Funktion der Ausdruck »abstrakt« (erinnern wir uns, dass es »alle Wesen auf *seine Abstraktion* reduziert«!); von den *Grundrissen* an wird aber diese Funktion meist mit dem Terminus »allgemein« bezeichnet. Die »Reduzierung auf die Abstraktion« enthält bei Marx stets einen negativen Wertakzent, während »allgemein« stets mit positivem Wertakzent behaftet ist. Man erinnere sich daran, dass die Reduzierung der Arbeit zu abstrakter Arbeit (die Gleichgültigkeit des Arbeiters für die konkrete Qualität seiner Arbeit in Hinsicht sowohl des Arbeitsprodukts als auch seiner Tätigkeit) die Kulmination der Entfremdung der Arbeit darstellt, während etwa die »allgemeine Arbeit«, die »allgemeine Produktion«, das »allgemeine Bewusstsein«, die »allgemeine Industrie« Produkte und Ausdrücke des allgemeinen Reichtums sind.

---

[25] MEW 40: 547.

Selbstverständlich geht es hier lediglich um eine Akzent-Verschiebung und nicht um eine einschneidende Veränderung der Konzeption. Die Idee der »Allgemeinheit« des Geldes erscheint, wenn auch nicht mit diesen Worten, auch in den *Ökonomisch-philosophischen Manuskripten* (»Es ist das entäußerte *Vermögen* der *Menschheit«*[26]*),* während der Gedankengang, wonach die Geldverhältnisse das »abstrakte« Genussbedürfnis produzieren, auch in den *Grundrissen* erscheint – allerdings nur einmal und als Ausnahmefall. (»Die abstrakte Genusssucht verwirklicht das Geld in der Bestimmung, worin es der *materielle Repräsentant des* Reichtums ist.«[27]) Die Akzentverschiebung ist aber ganz eindeutig.

In den *Grundrissen* ist die Quantifizierung der Bedürfnisse (dem Bedürfnissystem der natürlichen Gemeinschaften gegenübergestellt) eindeutig als *entfremdete Entwicklung* dargestellt, genauer gesagt, als eine entfremdete, jedoch *notwendige* Form der Entwicklung. Sowohl die Entfremdung als auch die Entwicklung sind in den *Ökonomisch-philosophischen Manuskripten* nachdrücklich hervorgehoben, wo sie als Repräsentanten der Fichteschen »vollendeten Sündhaftigkeit« erscheinen; das Hauptthema ist die Entfremdung und nicht die Entwicklung. In den *Grundrissen* ist die Quantifizierung der Qualität die Überschreitung der Borniertheit. Auch in diesem Werk erscheinen *sämtliche Themen* der *Ökonomisch-philosophischen Manuskripte,* jedoch anders »orchestriert«. Die Quantifizierung der Qualität ist eine Form der Entfremdung, die in einer gegebenen historischen Situation – die Bedingungen für die Schaffung des allgemeinen Reichtums bereitstellt und allein bereitzustellen fähig ist. Jene gewisse »Erfinderischheit« im Zustandebringen der Gegenstände von Bedürfnissen und somit von neuen Bedürfnissen – die »Steigerung« der Bedürfnisse innerhalb *eines bestimmten* Bedürfnistypus – wird ebenfalls als *Entwicklung,* als notwendige Bedingung der Entwicklung – auch in diesem Fall nur zu einer bestimmten historischen Periode – dargestellt. »Indem der Zweck der Arbeit nicht ein besondres Produkt ist, das in einem besondren Verhältnis zu den besonderen Bedürfnissen des Indi-

---

[26] Ebd.: 565.

[27] MEW 42: 149.

viduums steht, sondern Geld, der Reichtum in seiner allgemeinen Form, hat erstens die Arbeitsamkeit des Individuums keine Grenze; sie ist gleichgültig gegen ihre Besonderheit und nimmt jede Form an, die zum Zweck dient; sie ist erfinderisch im Schaffen neuer Gegenstände für das gesellschaftliche Bedürfnis. [...] Allgemeine Industrie ist nur möglich, wo jede Arbeit den allgemeinen Reichtum, nicht eine bestimmte Form desselben, produziert.«[28]

Doch beurteilt Marx auch in diesem Werk den Kapitalismus als eine Gesellschaft, die *der Qualität quantitative Grenzen setzt,* noch dazu in zwei *verschiedenen* Beziehungen: »*die Verwandlung in Geld,* der Tauschwert überhaupt als Grenze der Produktion [...] *Beschränkung der Produktion von Gebrauchswerten* durch den Tauschwert; oder dass der reale Reichtum eine *bestimmte,* von ihm selbst verschiedne Form [...] annehmen muss, um überhaupt Objekt der Produktion zu werden«.[29]

Welche sind aber diese zwei »Beziehungen«? Es geht erstens darum, dass die Wertverhältnisse den neuen Gegenständen von Bedürfnissen und der Schaffung neuer Bedürfnisse innerhalb einer Bedürfnisgruppe Grenzen setzen. Wir stehen hier der Adaptierung jenes Gedankens auf die Bedürfnis-Problematik gegenüber, wonach die Produktivität in der kapitalistischen Gesellschaft nur so lange wächst (die neuen Gebrauchswerte wachsen nur so lange an Zahl und an Qualität), als dadurch der Mehrwert wächst. Marx nahm – stellenweise – einen »Punkt« der kapitalistischen Produktion an, an dem die »Produktion« neuer Bedürfnisgegenstände und neuer Bedürfnisse aufhört (Widerspruch der Produktionsverhältnisse und der Produktivkräfte). Wir haben darauf hingewiesen, dass sich Marxens Voraussage – zumindest laut bisherigen Erfahrungen – nicht verifiziert hat: Die »Quantifizierung« der Bedürfnisse schränkt – in dieser Hinsicht – die Qualität nicht ein. Die *andere,* im letzten Zitat enthaltene Beziehung, sagt aber anderes und sogar auch mehr aus: Nämlich, dass Gebrauchswerte, die keinen Tauschwert vertreten, aufhören, Gegenstand der Produktion zu sein. Der Kapitalismus »quantifiziert« alle Objektivationen und

---

[28] Ebd.: 150f.

[29] Ebd.: 328f.

produziert sie (sowie die auf sie ausgerichteten Bedürfnisse) nur dann, wenn dies »rentabel« ist. In diesem Sinn spricht Marx z.B. öfter darüber, dass der Kapitalismus *kunstfeindlich* ist. Andere Ursachen dieser Kunstfeindlichkeit ausklammernd wollen wir unsere Untersuchungen nur auf das obige Problem beschränken. Der Kapitalismus produziert vor allem Kunstobjekte, die Träger von Tauschwert sind, die Nutzen abwerfen. Dadurch werden aber die Bedürfnisse auf eine niedrige Kunst auf immer höherer Stufe reproduziert und die Bedürfnisse auf hohe Kunst – den Durchschnitt der Gesellschaft betrachtend – verkümmert. Ebenso quantifiziert der Kapitalismus die gesamte qualitative Bedürfniswelt des Menschen, macht sie zum Quasi-Tauschwert und »käuflich«; alle qualitativen Bedürfnisse, die nicht quantifizierbar, nicht käuflich sind, werden unterbunden. Eben deshalb erscheint genau in den *Grundrissen* und genau bei der Analyse *des Geldes* (der reinen Quantität) das Motiv der *Apokalypse.* Die Quantifizierung der qualitativen Bedürfnisse – welche Entwicklung, welchen »allgemeinen« Reichtum auch dieser Prozess repräsentiert – bringt eine *apokalyptische Welt* zustande: »Illi unum consilium habent et virtutem et potestatem suam bestiae tradent. [...] Et ne qui posset emere aut vendere, nisi qui habet characterem aut nomet bestiae, aut numerum nominis ejus.«[30]

Doch kann das Geld noch mehr, als die Qualität zu »begrenzen«, die qualitativen Bedürfnisse zu quantifizieren, *das Nichtquantifizierbare verkümmern zu lassen*: Es *quantifiziert das Nichtquantifizierbare* und kehrt die qualitativen Bedürfnisse in ihr *Gegenteil* um.

»Was durch *Geld* für mich ist, was ich zahlen, d.h., was das Geld kaufen kann, das *bin ich,* der Besitzer des Geldes selbst. So groß die Kraft des Geldes, so groß ist meine Kraft. Die Eigenschaften des Geldes sind meine – seines Besitzers – Eigenschaften und Wesenskräfte. Das, was ich *bin* und *vermag,* ist also keineswegs durch meine Individualität bestimmt. [...] Ich, der durch das Geld *alles,*

---

[30] Originalzitat in MEW 42: 777; auf S. 163 dort wie folgt übersetzt: »Jene haben einen gemeinsamen Plan und sie übergeben ihre Kraft und Macht dem Tier [...] [Und es bewirkt, daß sich alle [...] ein Zeichen auf ihre rechte Hand machen oder auf ihre Stirn] und daß niemand kaufen oder verkaufen kann, wenn er nicht das Zeichen oder den Namen des Tieres hat oder die Zahl seines Namens.«

wonach ein menschliches Herz sich sehnt, vermag, besitze ich nicht alle menschlichen Vermögen? Verwandelt also mein Geld nicht alle meine Unvermögen in ihr Gegenteil?«[31] In der Zukunftsgesellschaft, in der Gesellschaft der Gattungsmäßigkeit für sich wird sich das Gattungswesen nicht mehr vom Menschen entfremden und somit auch keine *quantitative* Form annehmen können. Die menschlichen Bedürfnisse und Fähigkeiten werden *qualitativer Natur* sein, und was qualitativ ist, kann nur für Qualitatives »eingetauscht« werden – und zwar ausschließlich für Qualität *derselben* Art.[32] Die Bedürfnisse des Menschen stehen dann in einem direkten und qualitativen Verhältnis zu den Gegenständen der Bedürfnisse. Das ist es, was *die positive Aufhebung des Privateigentums* und das Zustandekommen der *Welt des individuellen Eigentums* bedeutet. (Individuelles Eigentum bedeutet das unmittelbare Verhältnis zwischen den qualitativen Bedürfnissen.) »Setze den *Menschen* als *Menschen* und sein Verhältnis zur Welt als ein menschliches voraus, so kannst du Liebe nur gegen Liebe austauschen, Vertrauen nur gegen Vertrauen etc. Wenn du die Kunst genießen willst, musst du ein künstlerisch gebildeter Mensch sein; wenn du Einfluss auf andre Menschen ausüben willst, musst du ein wirklich anregend und fördernd auf andere Menschen wirkender Mensch sein. Jedes deiner Verhältnisse zum Menschen – und zu der Natur – muss eine *bestimmte*, dem Gegenstand deines Willens entsprechende *Äußrung* deines *wirklichen individuellen* Lebens sein.«[33]

Wir wollen noch einmal wiederholen: In den *Grundrissen* erscheint jedes Thema der *Ökonomisch-philosophischen Manuskripte* aufs Neue, doch ist der *Wertakzent* ein relativ anderer. Die »Quantifizierung des Nichtquantifizierbaren« ist auch in dieser Beschreibung nicht minder bedrückend, was jedoch in den *Grundrissen* gegenüber den *Ökonomisch-philosophischen Manuskripten* Nachdruck erhält, das ist die *in der Quantifizierung der bornierten qualitativen Bedürfnisse zum Ausdruck kommende entfremdete Ent-*

[31] MEW 40: 564f.

[32] Dieser Gedankengang ist einzig für die Ökonomisch-philosophischen Manuskripte kennzeichnend.

[33] MEW 40: 567.

wicklung. »Indem das Geld das allgemeine Äquivalent, die general power of purchasing, ist alles käuflich, alles in Geld verwandelbar. Aber es kann nur in Geld verwandelt werden, indem es alieniert wird. [...] Die sogenannten *unveräußerlichen, ewigen* Besitztümer [...] brechen also zusammen vor dem Geld. Alles ist zu haben für ›bar Geld‹. [...] Denn, wie alles alienierbar gegen Geld, ist aber auch alles erwerbbar durch Geld. [...] Es ist also alles aneigenbar durch alle, und es hängt vom Zufall ab, was das Individuum sich aneignen kann oder nicht, da es abhängt von dem Geld in seinem Besitz. Damit ist das Individuum an sich als Herr vor allem gesetzt. [...] Es gibt nichts Höheres, Heiliges etc., da alles durch Geld aneigenbar.«[34] Die Entfremdung des Gattungswesens, die Quantifizierung aller Qualität waren vonnöten, damit das »reine« qualitative Bedürfnis – nämlich nicht als *von der »naturgegebenen«* Arbeitsteilung aufgegebenes, sondern als *individuelles Bedürfnis* schlechthin – wenngleich nur als Möglichkeit zustande komme.

3. Die prägnanteste Ausdrucksform der Verarmung der Bedürfnisse (und Fähigkeiten) ist die *Reduktion* bzw. *Homogenisierung* der Bedürfnisse. Beide sind für die herrschenden Klassen und für die Arbeiterklasse *gleichwohl* kennzeichnend, aber nicht *gleicherweise.*

Das Bedürfnis des *Habens* ist es, zu dem sich jedes Bedürfnis reduziert und das jedes Bedürfnis homogenisiert. Jedoch ist dieses Haben bei den herrschenden Klassen tatsächlicher *Besitz:* das darauf ausgerichtete Bedürfnis für die ständig wachsende *Menge* des Privateigentums und des Geldes. Das Haben-Bedürfnis des Arbeiters betrifft hingegen seine bloße Lebenserhaltung: Er lebt, um sich erhalten zu können.

»An die Stelle *aller* physischen und geistigen Sinne ist daher die einfache Entfremdung *aller* dieser Sinne, der Sinn *des Habens* getreten.«[35] Und »[a]lle Leidenschaften und alle Tätigkeit muss also untergehen in der *Habsucht.* Der Arbeiter darf nur so viel haben, dass er leben will, und darf nur leben wollen, um zu haben.«[36] Die

---

[34] MEW 42: 728f.

[35] MEW 40: 540.

[36] Ebd.: 550.

Reduzierung und Homogenisierung der Bedürfnisse im Kapitalismus fasst Marx folgendermaßen zusammen: »Je weniger du *bist [...], umso mehr hast du.*«[37]

Mit der Feststellung, der Arbeiter sei ein »bedürfnisloses Wesen« *(Ökonomisch-philosophische Manuskripte)* spielt Marx auf diese Reduktion an. Der Arbeiter muss sich jedes Bedürfnis absparen, um das einzige, nämlich sein Leben zu erhalten, befriedigen zu können. »Und nicht nur deine unmittelbaren Sinne, wie Essen etc., musst du absparen; auch Teilnahme mit allgemeinen Interessen, Mitleiden, Vertrauen etc.«[38] Nur mit einem darf der Arbeiter nicht sparen: mit seiner Arbeitskraft. Doch ist die Anwendung von Arbeitskraft (die Arbeit) bei kapitalistischen Bedingungen ebenfalls ein »Reduktionsprozess«. Die Arbeitsverrichtung selbst stellt kein *Bedürfnis* des Arbeiters dar. Infolge der Arbeitsteilung wird die »höchste Produktivkraft«[39] borniert. Damit ist der Prozess der Reduzierung und Homogenisierung der Bedürfnisse abgeschlossen.

Ist er es aber wirklich? Wir haben eines der wichtigsten Paradoxone der Marxschen Theorie bereits erwähnt und werden noch darauf zurückkommen: dass nämlich dieselbe Gesellschaft, die das Bedürfnissystem sowohl der herrschenden als auch der Arbeiterklasse (wenn auch auf verschiedene Weise) zu »Haben« reduziert und zur »Habsucht« homogenisiert, die dem *entgegengesetzte* »radikalen Bedürfnisse« hervorbringt, welche die kapitalistische Gesellschaft transzendieren, deren »Träger« dazu berufen sind, den Kapitalismus zu stürzen. Wie es Marx in den *Ökonomisch-philosophischen Manuskripten* formuliert: »Auf diese absolute Armut

---

37 Ebd.: 549 [Hervorh. z.T. Á.H.]. Dieser Gedanke ist keine Neuheit. Genauso formuliert findet man ihn bei Rousseau (Julie ou la Nouvelle Héloïse) und bei Goethe (Wilhelm Meisters Lehrjahre). Da Marx diese Werke sehr wohl kannte, übernahm er den Gedanken von Moses Heß, selbst wenn er sich bei der Anwendung der Kategorie auf ihn beruft.

38 Ebd.: 550.

39 [Á. Heller verweist hier auf die S. 325 der Grundrisse-Ausgabe von 1953 (siehe hierzu die Anmerkung 15 in Kapitel 1); die zusammen zitierten Begriffe finden sich dort so nicht, auch nicht auf der entsprechenden Seite 337 in MEW 42].

musste das menschliche Wesen reduziert werden, damit es seinen innern Reichtum herausgebäre.«[40]

4. »Interesse« ist bei Marx *keine allgemein gesellschaftsphilosophische Kategorie.* Das Interesse als Motiv der *individuellen Handlung* ist nichts anderes als *Ausdruck* der *Reduzierung der Bedürfnisse zu Habsucht:* In der philosophischen Verallgemeinerung des Interessenbegriffs widerspiegelt sich hingegen »der Standpunkt der bürgerlichen Gesellschaft«. Ein organisches Moment und ein Wesenszug der Aufhebung der Entfremdung ist eben das Verschwinden von »Interesse« als Motiv. »Das Bedürfnis oder der Genuss haben darum ihre *egoistische* Natur und die Natur ihre bloße *Nützlichkeit* verloren, indem der Nutzen zum *menschlichen* Nutzen geworden ist«, heißt es bereits in den *Ökonomisch-philosophischen Manuskripten.*[41]

Hier ist aber gleich eine Bemerkung notwendig. Im Gegensatz zum Marx der *Manuskripte* wird der reife Marx die Kategorien Nutzen und *Interesse* scharf absondern.[42]

Wir erinnern uns noch, dass er den Begriff des Gebrauchswerts mit dem »Nutzen« beschreibt bzw. erklärt. Von den *Grundrissen* über *das Kapital* bis hin zur Wagner-Kritik (1881) erscheint der Begriff des Nutzens stets mit positivem Wertakzent. *Nutzen und Nützlichkeit* sind in den Werken des reifen Marx nichts anderes als *Eigenschaften der »Güter«* (sofern er mit der naturalistischen Konzeption arbeitet) oder eine Wertorientierungskategorie bezüglich der Gegenstände der menschlichen Betätigung oder Genusses (in der nicht-naturalistischen Auffassung). Wir selbst finden, hinsichtlich des Problems sei die Unterscheidung des reifen Marx einzig relevant. Da wir auf die Analyse des Problems hier nicht eingehen können, wollen wir einzig die Geschichte der Philosophie »vorladen«.[43]

---

[40] MEW 40: 540.

[41] Ebd.: 540.

[42] Im Manifest der Kommunistischen Partei kommt nicht der Nutzen, sondern die Reduzierung zu einem Nützlichkeitsverhältnis dem Interessenverhältnis gleich.

[43] Eine eingehende Analyse des Kategorienpaar nützlich-schädlich als sekundäre Wertorientierungskategorien s. in meiner Studie Hypothese zu einer marxistischen Werttheorie.

Der Begriff der Nützlichkeit genoss bereits zur Antike eine tragende Rolle (beispielsweise bei Aristoteles: Gut ist, was dem Menschen nützlich ist), und büßte diesen wichtigen Platz auch im mittelalterlichen Denken nicht ein. Die Kategorie des Interesses kannte hingegen weder die antike noch die mittelalterliche Philosophie.[44]

Einzig in der bürgerlichen Philosophie rückten die Interesse-Kategorien in den Mittelpunkt (individuelles Interesse – allgemeines Interesse), noch dazu umso mehr, je »entwickelter« die bürgerliche Gesellschaft war. Seinen Gipfel erreicht die »Interessentheorie« in der französischen Aufklärung und bei Hegel. Die »Nützlichkeitstheorie« der bürgerlichen Philosophie ist in Wahrheit eine »Interessentheorie« – die Kategorien des Nutzens und des Interesses werden zu Synonymen. Nur schwer konnten sich die Kritiker des Kapitalismus davon loslösen, vielmehr konfrontieren sie eine »Citoyen«-Werttheorie einer »bourgeoisen«. Die Genialität von Marx geht nicht zuletzt daraus hervor, dass er mit einer einzigen Bewegung nicht nur die *Lösung,* sondern die ganze *Fragestellung* hinwegfegt. In einem Brief schreibt ihm Engels über den »rationalen Kern« der Egoismustheorie von Stirner; in seiner Antwort ist Marx eindeutig abweisend. Diese eindeutige Abweisung kommt in der Stirner-Kritik, aber auch später in den *Grundrissen* zum Ausdruck.[45]

Indem Marx den allgemein-ontologischen Gebrauch des Interessenbegriffes zurückweist, beschränkt er sich nicht auf den Begriff des sogenannten »individuellen« Interesses; er erfasst damit auch die Kategorien des *allgemeinen* oder *gesamtgesellschaftlichen* Interesses und die in verwandtem Sinn gebrauchten Kategorien. In der *Deutschen Ideologie,* stellenweise sogar in den *Grundrissen,* ist die Polemik offen; später kommt die Abweisung zum Ausdruck, indem Marx sich dieser Kategorie *nur sehr selten und im speziellen Sinne* bedient. Es muss besonders auffallen, dass er auch die Ka-

---

[44] In meinem Buch über Aristoteles (Die Ethik des Aristoteles) habe ich dies fälschlich der »Borniertheit« der antiken Gesellschaft zugeschrieben.

[45] Nebenbei sei bemerkt, dass dieser Auffassungsunterschied zwischen Marx und Engels auch im weiteren »Schicksal« der Kategorie zum Ausdruck kommt. Engels begnügte sich damit, die Kategorie des »individuellen Interesses« mit der allgemeinen Kategorie des »Klasseninteresse« zu ersetzen. Marx ist, wie wir noch sehen werden, weiter gegangen.

tegorie des *Klasseninteresses* sehr selten und im speziellen Sinne anwendet. Vergebens sucht man in Werken wie *Grundrisse, Das Kapital, Lohn, Preis, Profit* oder *Theorien über den Mehrwert* den Begriff »Klasseninteresse«, er erscheint kein einziges Mal – nicht einmal, wenn er in diesen Werken vom *Klassenkampf* schreibt, gebraucht er diesen Ausdruck. Nicht als ob es laut Marx kein Klasseninteresse gäbe, doch ist es seiner Ansicht nach ein einzig im Rahmen der Klassengesellschaften und besonders der *fetischistischen Realität* der kapitalistischen Gesellschaft interpretierbares Motiv und selbst auch fetischistischen Charakters. Deshalb *kann* auch das Motiv des die *kapitalistische Gesellschaft transzendierenden Klassenkampfes* nicht das »Klasseninteresse« sein – das echte, nichtfetischisierte Motiv stellen die *radikalen Bedürfnisse* der Arbeiterklasse dar. Es war Engels, der *im Anti-Dühring* das Klasseninteresse als die höchste Motivation des Klassenkampfes bezeichnete. Um nicht ungerecht zu sein, sollen wir bemerken, dass er es nicht so ausschließlich und eindeutig getan hat, wie es in späteren marxistischen Analysen (bereits zur Zeit der Zweiten Internationale, vor allem bei Kautsky) sich eingebürgert hat und »gewöhnlich« wurde.

Die Dualität von individuellem und »allgemeinem« oder auch »Klassen«-Interesse ist nämlich bei Marx nichts anderes als der von der Seite der *Motivation* her erfasste Ausdruck dessen, dass der Mensch der bürgerlichen Gesellschaft zu »Bourgeois« und »Citoyen« zerfallen ist. Das individuelle Interesse ist das – offen eingestandene – Motiv des Bourgeois, während das allgemeine Interesse den Citoyen motiviert. Beide sind *entfremdete* Motivationen, in letzterem ist aber die Entfremdung eine doppelte: im »allgemeinen Interesse« entfremdet sich das entfremdete »individuelle Interesse« vom Individuum.

Doch wollen wir jetzt die wichtigsten Stellen betrachten, an denen diese Kategorien erörtert werden.

In der *Heiligen Familie* schreibt Marx im Zusammenhang mit der »Proklamierung der Menschenrechte« Folgendes: »Wie [...] der antike Staat das Sklaventum, so hat der *moderne Staat* die bürgerliche Gesellschaft zur *Naturbasis,* sowie den *Menschen* der bürgerlichen Gesellschaft, d.h. den unabhängigen, nur durch das Band des Privatinteresses und der *bewusstlosen* Naturnotwendigkeit mit dem

Menschen zusammenhängenden Menschen, den Sklaven der Erwerbsarbeit und seines eignen wie des fremden *eigennützigen* Bedürfnisses. Der moderne Staat hat diese seine Naturbasis als solche anerkannt in den *allgemeinen Menschenrechten*«.[46] In diesem Zitat erscheint ein Gedanke der *Ökonomisch-philosophischen Manuskripte* – diesmal in konkretem Zusammenhang. Das »Privatinteresse« ist nichts anderes als die sogenannte Habsucht, ein Ergebnis der »Reduzierung« der Bedürfnisse. Ausdrücke, wie Naturnotwendigkeit, Naturbasis, Sklave erhalten nicht von ungefähr die entscheidende Rolle, sind nicht Überreste einer Art »Feuerbachianismus«, der Fragenkomplex ist und bleibt ein zentraler Gedanke Marxens. Die bürgerliche Gesellschaft, die erste »reine Gesellschaft«, funktioniert nämlich innerhalb der reinen gesellschaftlichen Verhältnisse als »Quasi-Natur«, da in ihr die *Notwendigkeit als ökonomischer Zwang* regiert. Der zum »Sklaven« seiner Privatinteressen, des Egoismus seiner selbst und anderer gewordene Mensch ist ein Quasi-Naturwesen, da seine Selbstsucht *kompulsiven* Charakters ist und als Quasi-Instinkt funktioniert: Der Mensch muss ihm folgen oder er geht zugrunde. »Die *Naturnotwendigkeit* also, die *menschlichen Wesenseigenschaften,* so entfremdet sie auch erscheinen mögen, das *Interesse* halten die Mitglieder der bürgerlichen Gesellschaft zusammen, das *bürgerliche* und nicht das *politische* Leben ist ihr reales Band.«[47]

In der *Deutschen Ideologie* (mit Stirner debattierend) erörtert Marx am kohärentesten die *doppelte* Entfremdung des »allgemeinen Interesses« (und des »Klasseninteresses«). Wir wollen daher die einschlägigen Stellen etwas ausführlicher zitieren: »Wie kommt es, dass die persönlichen Interessen sich den Personen zum Trotz immer zu Klasseninteressen fortentwickeln, zu gemeinschaftlichen Interessen, welche sich den einzelnen Personen gegenüber verselbständigen, in der Verselbständigung die Gestalt *allgemeiner* Interessen annehmen, als solche mit den wirklichen Individuen in Gegensatz treten und in diesem Gegensatz, wonach sie als *allgemeine* Interessen bestimmt sind, von dem Bewusstsein als *ideale,*

[46] MEW 2: 120.

[47] Ebd.: 128.

selbst religiöse, heilige Interessen vorgestellt werden können? Wie kommt es, dass *innerhalb dieser Verselbständigung der persönlichen Interessen zu Klasseninteressen das persönliche Verhalten des Individuums sich versachlichen, entfremden muss* und zugleich als von ihm unabhängige, durch den Verkehr hervorgebrachte Macht ohne ihn besteht, sich in gesellschaftliche Verhältnisse verwandelt, in eine Reihe von Mächten, welche ihn bestimmen, subordinieren und daher in der Vorstellung als ›heilige‹ Mächte erscheinen? Hatte Sancho einmal das Faktum begriffen, dass innerhalb gewisser, natürlich vom Wollen unabhängiger *Produktionsweisen* stets fremde, nicht nur von vereinzelten Einzelnen, sondern sogar von ihrer Gesamtheit unabhängige praktische Mächte sich über den Menschen setzen. [...] Er [Stirner – Á.H.] wäre nicht zu der seiner würdigen Abgeschmacktheit fortgegangen, den Zwiespalt zwischen persönlichen und allgemeinen Interessen daraus zu erklären, dass die Menschen sich diesen Zwiespalt *auch* religiös vorstellen und sich so oder so *vorkommen,* was aber nur ein anderes Wort für das ›Vorstellen‹ ist.«[48]

Der Kern dieser und anderer[49] Erörterungen ist:

a) Das »allgemeine«, das »Klasseninteresse« existiert nicht nur in der Vorstellung der Menschen als idealer Gegenpol ihrer persönlichen Interessen. Es sind Kategorien solcher gesellschaftlicher Strukturen, in denen vom Menschen unabhängige *gesellschaftliche Mächte* herrschen, welche sich gegen den Willen des Einzelnen Geltung verschaffen. Im Dasein der »allgemeinen Interessen« widerspiegelt sich also die *Fetischisierung* der gesellschaftlichen Verhältnisse (den Gipfel erreicht dieser Prozess in der rein »warenproduzierenden« Gesellschaft, d.h. im Kapitalismus).

b) Das persönliche und das allgemeine bzw. Klasseninteresse sind *korreliert.*

c) Für welches »Interesse« immer man sich auch entscheidet – ob theoretisch, ob praktisch –, bleibt man *innerhalb* der warenproduzierenden (kapitalistischen) Gesellschaft, das heißt, man akzeptiert ihren fetischistischen Charakter.

---

[48] MEW 3: 227f.; Hervorh. »innerhalb dieser [...] entfremden muss« Á.H.

[49] etwa ebd.: 230.

»[...] die Kommunisten weder den Egoismus gegen die Aufopferung noch die Aufopferung gegen den Egoismus geltend machen. [...] Die theoretischen Kommunisten, die einzigen, welche Zeit haben, sich mit der Geschichte zu beschäftigen, unterscheiden sich gerade dadurch, dass sie allein die Schöpfung des ›allgemeinen Interesses‹ durch die als ›Privatmenschen‹ bestimmten Individuen in der ganzen Geschichte *entdeckt* haben. Sie wissen, dass dieser Gegensatz nur *scheinbar* ist, weil die eine Seite, das sogenannte ›Allgemeine‹ von der andern, dem Privatinteresse, fortwährend erzeugt wird und keineswegs ihm gegenüber eine selbständige Macht mit einer selbständigen Geschichte ist, dass also dieser Gegensatz fortwährend praktisch vernichtet und erzeugt wird.«[50]

Die Zitate zeugen eindeutig davon, dass sich die Kommunisten auf keinerlei »allgemeines Interesse« berufen, so auch nicht auf das Klasseninteresse. Sie können es nicht als *Motiv des den Kapitalismus transzendierenden Klassenkampfes* betrachten, weil die Berufung auf dieses Motiv *eo ipso* so viel bedeutet, dass man *innerhalb der Welt des Kapitalismus stehenbleibt.* Sich auf die *Interessen* der Arbeiterklasse zu berufen ist daher nur innerhalb solcher Klassenkämpfe möglich, die den Kapitalismus *nicht transzendieren.* Dann aber ist dies in der Tat realistisch, da man sich auf *eine Seinskategorie* (die fetischistische Korrelation des persönlichen Interesses) beruft. Daher kann es auch nicht wundernehmen, dass die – dem Geist von Marx nicht im geringsten Entsprechende – Berufung auf das *Klasseninteresse* zur Zeit der Zweiten Internationale so allgemein war. Jede Bewegung, die sich darauf beschränkt, ein den egoistischen Interessen des einzelnen Arbeiters entsprechendes Programm zu geben (vor allem der Lohnkampf, der die Perspektive eröffnet, dass jeder Arbeiter mehr vom *sensustricto* materiellen Reichtum »besitzen wird«,) beruft sich zu Recht und realistisch auf das »Klasseninteresse«.

Fraglich ist, ob wohl Marx diesen Standpunkt in seinen späteren Werken nicht geändert hat. Wie erwähnt, kommen die Kategorien des »allgemeinen« bzw. »gemeinschaftlichen« Interesse wie auch der Begriff »Klasseninteresse« in den wissenschaftlichen Ar-

---

[50] Ebd.: 229.

beiten kaum vor. Wir wollen daher jene Stellen zitieren, in denen sie vorhanden sind und untersuchen, in welchem Sinn sie es sind.

In den *Grundrissen* heißt es (bei der Analyse des Warenaustauschs):[51] »[D]ass die Wechselseitigkeit, wonach jedes zugleich Mittel und Zweck, und zwar nur seinen Zweck erreicht, insofern es Mittel wird, und nur Mittel wird, insofern es sich als Selbstzweck setzt, dass jeder sich also als Sein für andres setzt, insofern er Sein für sich – dass diese Wechselseitigkeit ein notwendiges fact ist, vorausgesetzt als natürliche Bedingung des Austauschs, dass sie aber als solche jedem der beiden Subjekte des Austauschs gleichgültig ist, und ihm diese Wechselseitigkeit nur Interesse hat, soweit sie sein Interesse als das des andren ausschließend, ohne Beziehung darauf, befriedigt. Das heißt, das gemeinschaftliche Interesse, was als Motiv des Gesamtakts erscheint, ist zwar als fact von beiden Seiten anerkannt, aber als solches ist es nicht Motiv, sondern geht sozusagen nur hinter dem Rücken der in sich selbst reflektierten Sonderinteressen, dem Einzelinteresse im Gegensatz zu dem des andren hervor.«[52] Und er kommt, das Problem zusammenfassend, zu dem Schluss: »Das allgemeine Interesse ist eben die Allgemeinheit der selbstsüchtigen Interessen.«[53]

Gibt es auch einen Unterschied zwischen den Ausführungen der *Deutschen Ideologie* und den zitierten *Grundrisse-Passagen,* so nicht solche, die das Wesen der hier erörterten Frage betreffen. Der Unterschied besteht nämlich darin, dass das Problem in der *Deutschen Ideologie* mit breiterem Spektrum aufgeworfen wird: Dort handelt es von den verschiedenen *Formen* des »allgemeinen Interesses«. Auch von solchen, in denen das »allgemeine Interesse« das *Motiv,* wenn auch ein entfremdetes, sein kann (genau das motiviert ja beispielsweise den Citoyen). In diesem Werk geht

---

[51] Der Gedankengang zeigt, wie sehr die verschiedenen Formen der Entfremdung der Bedürfnisse nur verschiedene Momente ein und desselben Prozesses sind, wenn wir sie auch der klareren Analyse zuliebe separat behandelt haben. In diesem Zitat behandelt Marx die Entfremdung der Interessen (das Interessen-Zweck-Verhältnis selbst) als eine Erscheinungsform der Zweck-Mittel-Entfremdung.

[52] MEW 42: 169f.

[53] Ebd.: 170.

es also nicht nur um ökonomische Interessen (als allgemeine Interessen), sondern um allerlei »verallgemeinerte« Interessen, so auch um politische, Staats- und andere Interessen. Da in den angeführten Stellen der *Grundrisse* der Warenaustausch analysiert wird, muss sich die Analyse des »allgemeinen Interesses« selbstredend auf das ökonomische Interesse beschränken.

Doch kann man leicht einsehen, dass dieser Unterschied von unserem Standpunkt aus irrelevant ist. Das »allgemeine Interesse« ist auch in den *Grundrissen* als zweifach entfremdetes Interesse dargestellt. Die Welt des Warenaustauschs ist die Welt der Universalität des Egoismus: des persönlichen Interesses. Die Subjekte des Tausches sind sich gegenseitig *gleichgültig,* sie stehen zueinander nur in Hinblick auf die Realisierung ihrer persönlichen Interessen in Beziehung: was das Bedürfnis für den anderen Menschen (das, wie wir wissen, von Marx als das höchste, das »menschlichste« Bedürfnis betrachtet wird) anbelangt, so ist die Reduktion eine totale. Die »allgemeinen Interessen« machen sich hinter dem Rücken der bereits in sich zum Eigennutz reduzierten Menschen geltend. In diesem Sinn ist also das allgemeine Interesse nichts anderes als die *Beschränkung* der Interessen des einen Menschen durch diejenigen des anderen: Eine Struktur, die bereits Hegel in *seiner Phänomenologie des Geistes* als »das geistige Tierreich« bezeichnet. Und in diesem Sinn ist das »allgemeine Interesse« eine als Ergebnis des Kampfes der privaten Interessen zustande kommende, die Ziele und Vorhaben der einzelnen Menschen durchkreuzende *entfremdete Macht* – genau diejenige, von der Marx in der *Deutschen Ideologie* schreibt, sie sei die bestimmende Macht *jeglichen* entfremdeten »allgemeinen Interesses«, daher auch Schlüssel solcher, die die Menschen motivieren.

Und nun zur entscheidendsten Stelle des Begriffs »Klasseninteresse«. In *Lohnarbeit und Kapital* findet man zwei, von Marx kursivierte Passagen: »Die Interessen des Kapitals und die Interessen der Arbeiter sind dieselben, heißt nur: Kapital und Lohnarbeit sind zwei *Seiten eines und desselben Verhältnisses. Die eine bedingt die andre, wie der Wucherer und Verschwender sich wechselseitig be-*

dingen«[54] und »[w]ir sehen also, dass selbst, wenn wir *innerhalb des Verhältnisses von Kapital und Lohnarbeit* stehnbleiben, *die Interessen des Kapitals und die Interessen der Lohnarbeit sich schnurstracks gegenüberstehn«.*[55]

Vor allem ist hier das Problem von der Seite *des Lohnkampfes* her aufgeworfen, einer Form des Klassenkampfes, die nur innerhalb der kapitalistischen Gesellschaft interpretierbar ist. »Selbst wenn wir innerhalb des Verhältnisses von Kapital und Lohnarbeit stehn bleiben« ist daher eine überflüssige Einschränkung, denn ein Lohnkampf ist – zumindest für Marx – nur in der Relation von Lohnarbeit und Kapital denkbar. Die Verhältnisse, bei denen der Kampf zwischen »Lohnarbeit« und »Kapital« vor sich geht, sind fetischistische Verhältnisse, innerhalb welcher der Gebrauch der Kategorie »Interesse« (die, wie wir wissen, eine objektive Kategorie ist) gemäß dem in der *Deutschen Ideologie* festgelegten Sinn des Begriffs »Klasseninteresse«, durchaus rational interpretierbar ist. Hinzugefügt sei, dass dieser Begriff nur in diesem Sinn rational interpretierbar ist. Ferner hat Marx niemals über die »Interessen der Arbeiterklasse« gesprochen, sondern von den Interessen der *Lohnarbeit:* Von Interessen, die von der *Tatsache der Ausbeutung,* noch dazu von der Tatsache einer konkreten Form der Ausbeutung herrühren. In dieser Beziehung wird die Arbeiterklasse auf ihr unmittelbares Verhältnis zum Kapital *reduziert,* auf jenes Verhältnis, in dem Kapital und Lohnarbeit »zwei Seiten ein und desselben Verhältnisses« sind. Das ist also eine Reflexionsbestimmung. Es geht hier nicht um jene Arbeiterklasse – kann auch nicht um sie gehen –, die den Kapitalismus transzendiert; ebenso wenig um die zu »Interesse« nichtreduzierbaren radikalen Bedürfnisse.

Im weitaus später verfassten, teilweise ähnliche Probleme erörternden Werk *Lohn, Preis, Profit* erscheint der Begriff des Interesses nicht einmal in dieser sehr eingeengten Interpretierung. Und dies ist kein Zufall. Im Mittelpunkt der Marxschen Analyse steht genau eine Kritik nicht quantitativer, sondern qualitativer Natur. Der Lohnkampf, der, wie gesehen, »innerhalb« des kapitalistischen

---

[54] MEW 6: 411.

[55] Ebd.: 415.

Systems, des »Interessensystems« stehenbleibt, ist etwas qualitativ anderes als der Kampf für die Aufhebung des *gesamten Lohnsystems,* der die *historische Mission der Arbeiterklasse* und der nicht vom Interesse, sondern von den radikalen Bedürfnissen motiviert ist. »Gewerkschaften tun gute Dienste als Sammelpunkte des Widerstands gegen die Gewalttaten des Kapitals. [...] *Sie verfehlen ihren Zweck gänzlich,* sobald sie sich darauf beschränken, einen Kleinkrieg gegen die Wirkungen des bestehenden Systems zu führen, statt gleichzeitig zu versuchen, es zu ändern, statt ihre organisierten Kräfte zu gebrauchen als einen Hebel zur *schließlichen Befreiung der Arbeiterklasse,* d.h. *zur endgültigen Abschaffung des Lohnsystems.*«[56]

[56] MEW 16: 152; Hervorh. Á.H.

Drittes Kapitel
Über den Begriff des »gesellschaftlichen Bedürfnisses«

Der Begriff »gesellschaftliches Bedürfnis« ist bei Marx keine ihrem Wesen nach entfremdete Kategorie, sondern in jeder Gesellschaft, auch nach der positiven Aufhebung der Entfremdung, rational interpretierbar. Allerdings ist das einer der am wenigsten »präzis« gebrauchten Marxschen Begriffe, den er in mehreren *verschiedenen* Sinnen anwendet, der zur Beschreibung verschiedener gesellschaftlicher Tatsachen dient – unter anderem an verschiedenen Stellen auch zur Beschreibung der kapitalistischen Entfremdung der Bedürfnisse. Fasst man aber *die Haupttendenz* der Gedankenwelt von Marx ins Auge, findet man, dass darin diese Interpretierung nur *eine* von vielen und nur für die kapitalistische Gesellschaft relevant ist. Die Identifizierung der Kategorien »allgemeines Interesse« und »gesellschaftliches Bedürfnis« ist also der Gesamtkonzeption Marxens vollends fremd. Dies eingangs zu betonen ist notwendig, weil es in der marxistischen Literatur gängig wurde, die beiden Kategorien *synonym* zu gebrauchen. Ich denke nicht einfach an die fetischistische Deutung des Begriffs »gesellschaftliches Bedürfnis«, sondern auch an *die Setzung* dieser fetischistisch interpretierten Kategorie *als positiven Wert.* Letzteres wird etwa derart formuliert, dass das »gesellschaftliche Bedürfnis« ein »Bedürfnis der Gesellschaft« ist, nicht die Gesamtheit oder der Durchschnitt der individuellen Bedürfnisse von *Einzelindividuen,* auch nicht deren Entwicklungstendenz oder »vergesellschaftetes« persönliches Bedürfnis, sondern ein *allgemeines* Bedürfnissystem, das sozusagen »über« den Individuen »schwebt« und höherstehend als die persönlichen Bedürfnisse der die Gesellschaft konstituierenden Einzelnen ist. Diese Konzeption führte zu verschiedenen theoretischen und praktischen Folgerungen (und Folgen), von denen nur die zwei wichtigsten erwähnt werden sollen.

a) Da das sogenannte »gesellschaftliche Bedürfnis« allgemeiner und gleichzeitig höherstehend als das persönliche Bedürfnis ist, muss der Einzelmensch in Konfliktfällen seinen Anspruch auf Befriedigung der persönlichen Bedürfnisse den »gesellschaftlichen Bedürfnissen« unterordnen. Praktisch war solches »allgemeines Bedürfnis« stets das mystifizierte Bedürfnis der privilegierten oder führenden Schichten der Arbeiterklasse (oder auch der Gesellschaft), aufpoliert mit dem Nimbus der »Allgemeingültigkeit«.

b) Die »gesellschaftlichen Bedürfnisse« sind die eigentlichen, die »echten« Bedürfnisse der einzelnen Menschen. Personen, die *de facto* nicht solche Bedürfnisse wie die vom »gesellschaftlichen Bedürfnis« haben, haben ihre »echten Bedürfnisse »noch nicht erkannt«. Aus dieser Konzeption folgt also die Unterscheidung zwischen »erkannten« und »nichterkannten« Bedürfnissen. Wer aber soll *entscheiden,* welche die »echten« Bedürfnisse der Menschen sind? Es werden wiederum nur die Repräsentanten des sogenannten »gesellschaftlichen Bedürfnisses« sein. Mit anderen Worten: Die tatsächlichen Bedürfnisse der Privilegierten oder der Führer der Bewegung als Verkörperungen der »Universalität« und »Gesellschaftlichkeit« entscheiden darüber, welche Bedürfnisse der Klasse bzw. der überwiegenden Mehrheit der Gesellschaft »richtig« oder »unrichtig« sind. Auf diese Weise werden die tatsächlichen, vorhandenen Bedürfnisse dieser Mehrheit als »unecht« abgestuft. Die »Repräsentanten« der »gesellschaftlichen Bedürfnisse« übernehmen es, über die Bedürfnisse der Mehrheit zu *entscheiden,* im Sinne ihrer angeblich »nicht erkannten« Bedürfnisse vorzugehen im Gegensatz zu deren eigentlichen, tatsächlichen Bedürfnissen.

Die praktischen Folgen der Fetischisierung des Begriffs »gesellschaftliche Bedürfnisse« hier ausklammernd, wollen wir dem obigen nur Folgendes hinzufügen: Der fetischisierte Bedürfnis-Begriff ist nach Analogie des Interesse-Begriffs »hergestellt« worden. Wir haben es bereits anhand der Ausführungen von Marx gesehen, dass die Selbstunterordnung unter das »allgemeine« Interesse *tatsächlich* mit der Befolgung des persönlichen Interesses korreliert ist: Zum Funktionieren der bürgerlichen Gesellschaft sind Bourgeois und Citoyen gleich notwendig. Ferner: In Bezug auf die Interessen ist es in der Tat sinnvoll, von sogenannten »erkannten« und »unerkannten« Interessen zu sprechen. Das Interesse wird nämlich vom *Gegensatz der Interessen* konstituiert (die Identität der Interessen ist in Wahrheit die Identität der Gegensätze). Da das Interesse Reduktion und gleichzeitig Homogenisierung der Bedürfnisse in der Hinsicht ist, dass wir selbst (einerlei, ob dies Person, Integration oder Klassebedeutet) *gegen* andere als unsere eigene »Reflexionsbestimmung« zur Geltung bringen, ist es realistisch zu sagen, dass der Mensch (dieNation, die Klasse usw.), der sich nicht erfolgreich gegen die anderen durchsetzt, *nicht seinen Interessen entsprechend* handelt. Ferner, wenn ein Mensch (eine Organisation, eine Klasse), der sich der optimalen Modalität oder Mittel der Geltendmachung seiner selbst nicht im Klaren ist, seine »eigenen Interessen« »nicht erkannt« hat. Sind die Modalitäten oder Mittel der optimalen Geltendmachung in Bezug der Verkehrsverhältnisse der verschiedenen Objektivationen verschieden oder geradezu gegensätzlich, so kann man ebenfalls zu Recht von »Interessengegensätzen« sprechen.

Und nun zurück zum Marxschen Standpunkt. Wie gesehen, erwähnt er zwar stellenweise »wahre« oder »eingebildete« Bedürfnisse, Jedoch *nie* und *nirgends* »unbewusste« oder »unerkannte« Bedürfnisse (sowohl das »wahre« als auch das »eingebildete« Bedürfnis ist bewusst). Und noch mehr: Er benötigte den Begriff der radikalen Bedürfnisse unter anderem eben deshalb, er *schrieb* der Arbeiterklasse mehr als einmal solche Bedürfnisse *zu,* die in der Klasse de facto nicht vorhanden waren, um die Kategorie der »unerkannten Bedürfnisse« umgehen zu können. Wo es »unerkannte« Bedürfnisse gibt, gibt es auch »Erzieher«, die den Menschen ihre Bedürfnisse »bewusst machen« – diese Konzeption hat aber Marx bereits in den Thesen zu Feuerbach bekanntlich des »unerkannten Bedürfnisses« zurückgewiesen (er betrachtet die Kategorie für das, was sie ist: eine Kategorie der Aufklärung).

Marx kennt keine anderen Bedürfnisse als solche von *Individuen.* Man kann einen Durchschnitt der individuellen Bedürfnisse berechnen oder veranschlagen (wie im Fall der »notwendigen Bedürfnisse«), doch bleiben die Bedürfnisse nach wie vor individuell. Nur zwecks Beschreibung des *Fetischismus* bedient sich Marx der Bedürfnis-Kategorie im fetischistischen *Sinn* (um sie den nichtfetischistischen, also individuellen Bedürfnissen gegenüberzustellen). Man denke an die einmal bereits zitierte Passage aus dem *Kapital,* wo Marx die kapitalistische Entfremdung eben damit charakterisiert, dass in ihr die Verwertungsbedürfnisse des Kapitals und nicht die Entwicklungsbedürfnisse des Arbeiters ausschlaggebend sind. »Verwertungsbedürfnisse des Kapitals« steht hier in bewusst fetischistischem Sinn. Denn obwohl das Verwertungsbedürfnis stets das Bedürfnis *des einzelnen Kapitalisten* ist, ist auch der Kapitalist eine entfremdete Macht, ein Repräsentant des Kapitals. In der kapitalistischen Gesellschaft erscheinen die zwischenmenschlichen Beziehungen (so auch die Bedürfnisse) als verdinglichte Beziehungen – jedoch bleiben sie in der Tat zwischenmenschliche.

Es wurde bereits gesagt, dass Marx den Begriff »gesellschaftliche Bedürfnisse« in mehr als einem Sinn gebraucht. Die wichtigste (und häufigste) Interpretierung bedeutet »gesellschaftlich produziertes« Bedürfnis. Da die einschlägigen Gedanken im ersten Kapitel zitiert worden sind, wollen wir sie hier nicht wiederholen. Die »gesellschaftlich produzierten« Bedürfnisse sind Bedürfnisse von *Einzelmenschen.* Unter diese Bestimmung einzuordnen sind an verschiedenen Stellen sämtliche nicht-»natürliche« Bedürfnisse, an anderen Stellen sämtliche Bedürfnisse schlechthin. In dieser letzteren Interpretierung ist das »gesellschaftlich produzierte Bedürfnis« synonym für *das menschliche* Bedürfnis, wobei »menschlich« *nicht* als Wertkategorie steht.

In einer anderen, selteneren, aber immer noch häufig genug auftretenden Interpretierung ist das »gesellschaftliche Bedürfnis« eine *positive Wertkategorie:* das Bedürfnis des Menschen des Kommunismus, des sogenannten »vergesellschafteten Menschen«. Im dritten Band des *Kapital* wird die kapitalistische Gesellschaft erneut der Gesellschaft der »assoziierten Produzenten« gegenübergestellt, genau vom Blickwinkel der Bedürfnisse her. Wir wollen einen solchen Gedankengang anführen: »der Profit und das Verhältnis dieses Profits zum angewandten Kapital, also eine gewisse Höhe der Profitrate über Ausdehnung oder Beschränkung der Produktion entscheidet, statt *des*

Verhältnisses der Produktion zu den gesellschaftlichen Bedürfnissen, zu den Bedürfnissen gesellschaftlich entwickelter Menschen.«[1] Hier bedeuten also die »gesellschaftlichen Bedürfnisse« die Bedürfnisse des »gesellschaftlich entwickelten Menschen«. Es erübrigt sich zu betonen, dass das »gesellschaftliche Bedürfnis« auch hier das Bedürfnis des *Einzelmenschen* bedeutet.

Im dritten Sinn bedeutet das »gesellschaftliche Bedürfnis« den *Durchschnitt der Bedürfnisse* einer Gesellschaft bzw. Klasse gerichtet auf *materielle Güter.* Wenn Marx den Begriff in diesem Sinn meint, steht »gesellschaftliche Bedürfnisse« häufig in *Anführungszeichen.* Und es ist keineswegs von ungefähr, wenn er die Gänsefüßchen ansetzt und wenn nicht. »Gesellschaftliches Bedürfnis« in Anführungszeichen ist der Ausdruck der Bedürfnisse in der Form *zahlungsfähiger Nachfrage;* ohne Anführungszeichen bedeutet es jene, materielle Güter betreffenden Bedürfnisse, die in der zahlungsfähigen Nachfrage keinen Ausdruck finden. Die Unterscheidung des Sinns mit bzw. ohne Gänsefüßchen ist für Marx freilich nur in Hinsicht der Arbeiterklasse relevant, da er annimmt, dass sich bei den herrschenden Klassen das materielle Bedürfnis und die zahlungsfähige Nachfrage zumindest überdecken; meist ist aber die zahlungsfähige Nachfrage sogar größer als das eigentliche Bedürfnis – das »notwendige Bedürfnis« der herrschenden Klassen. Bei der Arbeiterklasse ist aber die Diskrepanz zwischen dem in der Form zahlungsfähiger Nachfrage erscheinenden »gesellschaftlichen Bedürfnis« und dem sogenannten »wahren« gesellschaftlichen Bedürfnis, indem das letztere das erstgenannte quantitativ überrundet und auch qualitativ konkrete Bedürfnisse von verschiedenem Typ beinhaltet. Im *Kapital* heißt es etwa: »[D]as ›gesellschaftliche Bedürfnis‹, d.h. das, was das Prinzip der Nachfrage regelt, wesentlich bedingt ist durch das Verhältnis der verschiednen Klassen zueinander und durch ihre respektive ökonomische Position«[2] und ebendort heißt es, das Problem tiefer erörternd: »Es scheint also, dass auf der

[1] MEW 25: 269; Hervorh. Á.H.

[2] Ebd.: 191.

Seite der Nachfrage eine gewisse Größe von bestimmtem gesellschaftlichem Bedürfnis steht, das zu seiner Löschung bestimmte Menge eines Artikels auf dem Markt erheischt. Aber die quantitative Bestimmtheit dieses Bedürfnisses ist durchaus elastisch und schwankend. Seine *Fixität ist Schein*. Wären die Lebensmittel wohlfeiler oder der Geldlohn höher, so würden sich größeres ›gesellschaftliches Bedürfnis‹ für diese Warensorten zeigen. [...] Die Grenzen, worin das auf dem *Markt* repräsentierte Bedürfnis für Waren – die Nachfrage – quantitativ verschieden ist von dem *wirklichen gesellschaftlichen* Bedürfnis, ist natürlich für verschiedne Waren sehr verschieden.«[3] Das in der Nachfrage sich meldende »gesellschaftliche Bedürfnis« ist daher *Schein,* der die »wirklichen« gesellschaftlichen Bedürfnisse der Arbeiterklasse nicht ausdrückt, sondern im Gegenteil verschleiert.

Welche sind aber diese wirklichen gesellschaftlichen Bedürfnisse? Der Inhalt dieser Kategorie entspricht bei Marx im Wesentlichen dem empirischen bzw. soziologischen Inhalt der *notwendigen* Bedürfnisse. Dies ist aber, wir wollen es betonen, ein »Durchschnitt«, und zwar der Durchschnitt von (historisch entwickelten, von Gebräuchen übermittelten, moralischen Momente enthaltenden) individuellen Bedürfnissen. Es ist freilich eine objektive Kategorie: Der gegebene Mensch der gegebenen Klasse seines gegebenen Zeitalters wird in das durch Gegenstände seiner Bedürfnisse, ferner durch Gebrauch und Moral von den früheren Generationen bereits ausgestaltete, dennoch ständig sich verändernde Bedürfnissystem und in die Bedürfnishierarchie hineingeboren; diese wird er, wenn auch (in verschiedenen Gesellschaften auf mehr oder weniger) individuelle Weise interiorisieren. Keineswegs ist dies aber eine von den Mitgliedern einer Klasse, einer Gesellschaft unabhängige, über ihnen »schwebende« Struktur. Bedürfnis des Einzelnen ist, was er als sein Bedürfnis weiß und fühlt –andere Bedürfnisse hat er nicht. Deshalb klagt Marx in den *Ökonomisch-philosophischen Manuskripten* über die »Bedürfnislosigkeit« der Arbeiter. Es geht also nicht darum, als ob die Arbeiter der in der Form von Nachfrage in Erscheinung tretenden Bedürf-

---

3 Ebd.: 198; erste Hervorh. Á.H.

nisse bewusst, der in dieser Form nicht erscheinenden »wahren« Bedürfnisse sich nicht bewusst waren. »Im letzteren Fall wären die gesellschaftlichen Bedürfnisse nicht »flexibel«. Es geht vielmehr darum, dass die wahren gesellschaftlichen Bedürfnisse die eigentlichen, durchaus bewussten, Bedürfnisse repräsentieren, während die auf dem Markt sich meldenden »gesellschaftlichen Bedürfnisse« die *Befriedigungsmöglichkeiten* der ersteren innerhalb der gegebenen Gesellschaft signalisieren. Und es geht hier auch nicht um einen Gegensatz von Bewusstem und Unbewusstem, sondern, wie sich Marx *im Anti-Proudhon* ausdrückt, um den Gegensatz von Sein und Nichtsein, von Realisieren und Nichtrealisieren, des Befriedigbaren und des Nichtbefriedigbaren.

Wir wollen hinzufügen, dass Marx diese Interpretierung der gesellschaftlichen Bedürfnisse nur für die materiellen bzw. für die durch Tauschwert erwerbbaren nichtmateriellen Bedürfnisse gelten lässt. Was andere Bedürfnisse anbelangt, so ist die Kategorie des »gesellschaftlichen Bedürfnisses« im obigen Sinn vollends irrelevant. Und dies gilt, obwohl der erwähnte objektive Charakter der Bedürfnisse (das bereits zustande gekommene Bedürfnissystem, die Bedürfnishierarchie, »leiten« die Bedürfnisse des in eine bestimmte Gesellschaft hineingeborenen Menschen, indem sich diese nur in Wechselwirkung mit den Gegenständen, den Objektivationen dieser Gesellschaft entwickeln können und da die »Gegenstände« die Grenzen der Bedürfnisse abstecken) sich *nicht allein* auf die materiellen – also auf die vorangehend interpretierten »gesellschaftlichen« – Bedürfnisse bezieht, sondern auf die Bedürfnisse schlechthin: auf das Bedürfnis für künstlerische Tätigkeit ebenso wie auf das Bedürfnis für Gemeinschaft oder für Liebe. Hinsichtlich solcher spricht aber Marx *nie* von »gesellschaftlichen Bedürfnissen« im Sinn des hier Dargelegten. Die Befriedigung solcher Bedürfnisse mit Hilfe von Tauschwert war in seinen Augen, wie bereits gesehen, die allerkennzeichnendste Erscheinungsform der Entfremdung, die Quantifizierung des Nichtquantifizierbaren.

Und schließlich sei der vierte, mehrmals erscheinende Sinn der gesellschaftlichen Bedürfnisse erwähnt: die gesellschaftliche – bzw. manchmal: die gemeinschaftliche – Befriedigung der Bedürfnisse. Dies ist eine *nichtökonomische* Interpretierung und dient zur Bezeichnung bzw. zum Ausdruck der Tatsache, dass die Menschen auch solche Bedürfnisse besitzen, die nicht nur auf gesellschaftliche Weise produziert werden, sondern deren *Befriedigung* auch nur durch die Schaffung entsprechender *gesellschaftlicher Institutionen* möglich wird. Die Befriedigung des Lernbedürfnisses ist beispielsweise in der modernen Gesellschaft einzig mit Vermittlung entsprechender Institutionen des Unterrichtswesens möglich. Dasselbe gilt aber auch für das Bedürfnis für die Betreuung der Gesundheit, für zahlreiche Typen des kulturellen Bedürfnisses und sogar für das Gemeinschaftsbedürfnis.[4]

Zwar ist die Kategorie nichtökonomisch, doch hat sie auch einen ökonomischen Aspekt. In der *Kritik des Gothaer Programms* schreibt Marx etwa darüber, dass man vom »unverkürzten« Arbeitsertrag abziehen muss, »was zur *gemeinschaftlichen Befriedigung von Bedürfnissen bestimmt ist,* wie Schulen, Gesundheitsvorrichtungen etc.«.[5] Es ist sehr interessant zu beobachten, dass Marx die rein materiellen »gesellschaftlichen Bedürfnisse« als *quantitativ verhältnismäßig stabil* setzt (ihre Quantität würde fast ausschließlich parallel zum Wachstum der Bevölkerung ansteigen). Der Anteil solcher gesellschaftlichen Werte, die zur »gemeinschaftlichen Befriedigung von Bedürfnissen« dienen, wird in Zukunft rapid anwachsen (ein immer größerer Prozentsatz des unverkürzten Arbeitsertrages wird für die Befriedigung solcher Bedürfnisse notwendig sein). »Dieser Teil wächst von vornherein bedeutend im Vergleich zur jetzigen Gesellschaft und nimmt im selben Maß zu, wie die neue Gesellschaft sich entwickelt.«[6] Überflüssig zu sagen, dass sich Marx diese Anteilverschiebung keineswegs derart vorstellte, dass die »wahren«, die »bewussten« Bedürfnisse der Menschen sich auf den persönlichen Konsum beziehen werden, während die »unerkannten« Bedürfnisse durch die »gemeinschaftliche Befriedigung von Bedürfnissen« repräsentiert wären.

---

[4] In diesem letzteren Fall ist die Schaffung von Institutionen nicht unbedingt notwendig. Dennoch ist dies ein Bedürfnis, das eo ipso nur in Beisammensein mit anderen befriedigbar ist.

[5] MEW 19: 19.

[6] Ebd.

Für die Zukunft setzt Marx *ab ovo* Menschen, für die diese nur gesellschaftlich befriedigbaren Bedürfnisse als *bewusste und persönliche Bedürfnisse* erscheinen, und ihre Befriedigung wird diesen Menschen so wichtig sein, dass sie selbst andere Bedürfnisse beschränken; wir wissen ja, dass laut Marx *in der Gesellschaft der »assoziierten Produzenten« nur andere Bedürfnisse den menschlichen Bedürfnissen Grenzen setzen.* Wo die Herrschaft der Dinge über den Menschen aufhört, wo die zwischenmenschlichen Beziehungen nicht als Beziehung der Dinge erscheinen, dort regiert *jedes* Bedürfnis, das »Entwicklungsbedürfnis des Individuums«, das Bedürfnis der Selbstverwirklichung der Persönlichkeit.

Viertes Kapitel
Die sogenannten »radikalen Bedürfnisse«

Der Kommunismus ist bei Marx mit positiven Werten bestimmt, die er stets mit der Entfremdetheit der bisherigen, der »Vorgeschichte« und insbesondere der des Kapitalismus konfrontiert. Diese Wertsetzung hat bei Marx – subjektiv – einen Sollen-Charakter: Der Kommunismus soll verwirklicht werden. Gleichzeitig ist Marx von Anbeginn bemüht, diesen Sollen-Charakter – die Subjektivität des Sollens – theoretisch aufzuheben. Dafür findet er *zwei,* nicht immer differenzierte, jedoch differenzierbare Wege. Der eine ist die Umwandlung des *Subjekts* zum *Kollektiv. Das Sollen selbst ist kollektiv,* da es beim Maximum der kapitalistischen Entfremdung in den Massen (vor allem im Proletariat) solche Bedürfnisse – sogenannte radikale Bedürfnisse – erweckt, welche dieses Sollen verkörpern, die ihrer Natur nach zur Transzendierung des Kapitalismus – noch dazu in Richtung des Kommunismus – hinstreben. Der andere Weg ist die Umwandlung des Sollens zur *kausalen Notwendigkeit.* Das Prinzip »Der Kommunismus *soll* verwirklicht werden« ist in dieser Interpretierung synonym mit der Auffassung, dass er *notwendigerweise,* infolge der Eigengesetzlichkeit der Ökonomie verwirklicht wird. Man könnte sagen, dass bei Marx in diesem Zusammenhang bald eine *fichteanerische,* bald eine *hegelianische* Auffassung Oberhand hat.[1]

Das Schwanken zwischen den zwei Konzeptionen kommt unter anderem auch darin zum Ausdruck, wie Marx zwischen der Auffassung der Ökonomiegesetze als »Naturgesetze« und dessen Gegenteil schwankt. Im wohlbekannten Vorwort zum ersten Band des *Kapital* aus dem Jahr 1867 schreibt er nieder: »[M]ein Standpunkt, der die Entwicklung der ökonomischen Gesellschaftsformation als einen naturgeschichtlichen Prozess auffasst«;[2] wozu nur so viel hinzugefügt sei, dass er eben in Bezug auf diesen Band

[1] Freilich beide »umgestülpt«.

[2] MEW 23: 16.

im Vorwort der zweiten Ausgabe (1873) auf die bewusste Anwendung der Hegelschen Methode hinweist.

Weniger bekannt sind die Äußerungen, die den vorangehenden widersprechen. So schreibt etwa Marx im dritten Band der *Theorien über den Mehrwert* den Kapitalismus betreffend, dass sobald man diesen geschichtlich untersucht, »hört der Wahn, sie [die ökonomischen Gesetze einer Gesellschaftsformation – Á.H.] als Naturgesetze der Produktion zu betrachten, auf«.[3] Und sogar im ersten Band des *Kapital* spricht er von einem »in ein Naturgesetz mystifizierte[n] Gesetz der kapitalistischen Akkumulation«.[4] Dagegen könnte man einwenden, dass »naturgeschichtlicher Prozess« und »Naturgesetz« nicht ein und dasselbe bedeuten. Doch ist dieser Einwand nicht stichhaltig, da bereits im zitierten Vorwort auch der Ausdruck »Naturgesetz« *expressis verbis* zu lesen ist, noch dazu in einem Zusammenhang, der für uns ganz besonders wichtig ist: im Zusammenhang mit der historischen Perspektive. »Auch wenn eine Gesellschaft dem Naturgesetz ihrer Bewegung auf die Spur gekommen ist [...], kann sie naturgemäße Entwicklungsphasen weder überspringen noch wegdekretieren. Aber sie kann die Geburtswehen abkürzen und mildern.«[5] Auf eine ähnliche Interpretierung der »Negation der Negation« werden wir noch zurückkommen.

In seinem Brief jedoch an die Redaktion der Otetschestwennyje Sapiski stellt Marx selbst wiederum das »Naturgesetz« in Frage. Wie auch in den Entwürfen der Antworten an Vera Sassulitsch, schreibt er auch in diesem über die Möglichkeit, den Kommunismus auch durch Umgehen, durch »Überspringen« des Kapitalismus zu erreichen.[6] Die ursprüngliche Akkumulation ist also kein »allgemeines Gesetz«, die Verproletarisierung der Bauern keine »Notwendigkeit«. Eigentlich resigniert schreibt er: »Fährt Russland fort, den Weg zu verfolgen, den es seit 1861 eingeschlagen

---

[3] MEW 26.3: 422.

[4] MEW 23: 649.

[5] Ebd.: 15f.

[6] Es besteht also dennoch eine Möglichkeit, jene gewissen »Entwicklungsphasen« zu »überspringen«.

hat, so wird es *die schönste Chance verlieren,* die die Geschichte jemals einem Volk dargeboten hat, um dafür alle verhängnisvollen Wechselfälle des kapitalistischen Systems durchzumachen.«[7] Wie so oft, wenn Marx konkrete geschichtliche Probleme untersucht, wird auch hier der Begriff der »Notwendigkeit« mit dem Begriff der »Alternative« ersetzt.

In der anderen Auffassung, die, wie gesagt, ebenfalls auf der aufgehobenen Funktion der Sollen-Kategorie beruht, findet die Kategorie der »Möglichkeit« ebenso wenig Platz, wie im Fall der hegelianischen Auffassung des »ökonomischen Gesetzes«. Um das und das Problem der im Mittelpunkt stehenden »radikalen Bedürfnisse« zu verstehen, müssen wir kurz Marxens Konzeption bezüglich der »gesellschaftlichen Totalität« betrachten.

Jede gesellschaftliche Formation ist ein totales Ganzes (»Gebilde«), die Einheit miteinander kohärent zusammenhängender, einander gegenseitig setzender Strukturen. Zwischen diesen Strukturen besteht keine Kausalbeziehung (keine ist »Ursache« oder »Folge« der anderen), sie vermögen nur in ihrer gegenseitigen Setzung zu funktionieren. Im *Anti-Proudhon* formuliert das Marx folgendermaßen: »Die Produktionsverhältnisse jeder Gesellschaft bilden ein Ganzes. Herr Proudhon betrachtet die ökonomischen Verhältnisse als ebenso viele soziale Phasen, die einander erzeugen, von denen die eine aus der anderen sich ergibt, wie die Antithese aus der These, und die in ihrer logischen Aufeinanderfolge die unpersönliche Vernunft der Menschheit verwirklichen. [...] Wie kann in der Tat die logische Formel der Bewegung, der Aufeinanderfolge, der Zeit allein den *Gesellschaftskörper* erklären, in dem *alle Beziehungen gleichzeitig existieren und einander stützen?*«[8] – In der *Einleitung zur Kritik der politischen Ökonomie* kommt Marx anhand der Erörterung der Probleme von Produktion, Austausch und Konsumtion zu folgendem Schluss: »Das Resultat, wozu wir gelangen, ist nicht, dass Produktion, Distribution, Austausch, Konsumtion identisch sind, sondern dass sie alle *Glieder einer Totali-*

[7] MEW 19: 108; Hervorh. Á.H.

[8] MEW 4: 130f.; Hervorh. Á.H.

tät bilden, Unterschiede innerhalb einer Einheit.«[9] Und ebendort steht: »Die Produktivkräfte und gesellschaftlichen Beziehungen – beides *verschiedne Seiten* der Entwicklung des gesellschaftlichen Individuums.«[10] In der wohlbekannten Passage, in der er sich am detailliertesten mit dem Verhältnis zwischen ökonomischer Basis und ideologischen Formen befasst, geht es ebenfalls um die gegenseitige Setzung der Strukturen. Die Lebensprozesse der Gesellschaft manifestieren sich im Oberbau, da die Momente des letzteren die Konflikte der Basis »austragen«.

Weshalb nun ist die Konzeption der gesellschaftlichen Totalität, das »Gebilde« *von unserem Standpunkt* aus, wichtig? Sie ist es, weil diese Konzeption die *Fundierung des kollektiven Sollens im Sein* ermöglicht. Vorderhand, kurz, nur so viel: Eine der wesentlichen, mit den anderen korrelierten Strukturen des Kapitalismus als »Gebilde« ist die *Bedürfnisstruktur.* Um in seiner Form charakteristisch für Marxens Zeiten funktionieren, sich als »gesellschaftliches Gebilde« aufrechterhalten zu können, brachte der Kapitalismus innerhalb der Bedürfnisstruktur Bedürfnisse zustande, welche innerhalb der kapitalistischen Formation nicht zu befriedigen waren. Die radikalen Bedürfnisse sind laut Marx *inhärente* Momente der kapitalistischen Bedürfnisstruktur: Ohne sie kann der Kapitalismus, wie gesagt, nicht funktionieren. Und der Kapitalismus bringt solche Tag für Tag erneut zustande. Die »radikalen Bedürfnisse« können aus dem Kapitalismus nicht »eliminiert« werden, da sie dessen, zu seinem Funktionieren notwendige Produkte sind. Sie sind daher nicht »Keime« einer zukünftigen Formation in der Gegenwart, sondern »Zubehör« der kapitalistischen Formation; nicht ihr Sein, sondern ihre *Befriedigung* transzendiert den Kapitalismus. *Jene Individuen also, bei denen die »radikalen Bedürfnisse« bereits im Kapitalismus aufkommen, sind Träger des »kollektiven Sollen«.*

Zwecks tieferer Erörterung des Problems ist aber auch die Analyse der *Antinomien* des Kapitalismus notwendig.

Die zweierlei »Transformationen« des Sollens, deren eine wir auf Fichte, die andere auf Hegel zurückführen, finden ihren Aus-

---

[9] MEW 42: 34; Hervorh. Á.H.

[10] Ebd.: 593; Hervorh. Á.H.

druck selbstverständlich auch in der Theorie über die Antinomien des Kapitalismus. »Selbstverständlich«, haben wir gesagt, da die Frage, *welche* Gegensätze aufzuheben sind und die Frage, *wie* sie aufzuheben sind, organisch miteinander zusammenhängen.

Wir beginnen mit der »Hegelianer« Auffassung der Antinomie, da diese die bekanntere und auch einfachere ist. Diesbezüglich berufen wir uns auf die beiden eindeutigsten Stellen. Die eine findet sich im *Vorwort zur Kritik der politischen Ökonomie,* die andere in *Kapital I.*[11]

Im Vorwort heißt es: »Auf einer gewissen Stufe ihrer Entwicklung geraten die materiellen Produktivkräfte der Gesellschaft in Widerspruch mit den vorhandenen Produktionsverhältnissen oder, was nur ein juristischer Ausdruck dafür ist, mit den Eigentumsverhältnissen, innerhalb deren sie sich bisher bewegt hatten. Aus Entwicklungsformen der Produktivkräfte schlagen diese Verhältnisse in Fesseln derselben um.«[12] Marx spricht hier ein für *jede* gesellschaftliche Formation gültiges allgemeines Gesetz aus (obwohl er sich, wie gesehen, anderenorts gegen die Formulierung von gesellschaftlichen Gesetzen mit Allgemeingültigkeit wehrt).

In jeder gesellschaftlichen Formation kommen zuerst dem Entwicklungsgrad der Produktivkräfte *entsprechende* Produktionsverhältnisse zustande, welche die Produktivkräfte eine Zeitlang entwickeln. Sodann kommen Gegensätze zwischen den Produktivkräften und den Produktionsverhältnissen auf, welche zum Widerspruch führen: Die Produktionsverhältnisse werden zu Fesseln der Produktivkräfte. In diesem Gedankengang hat man es eindeutig mit dem »Umstülpen« der Hegelschen Widerspruch-Konzeption und – folglich – deren Modifizierung zu tun. Der Entwicklungsverlauf jeder gesellschaftlichen Formation wäre demgemäß (in Bezug auf die Produktivkräfte und die Produktionsverhältnisse) *Entsprechen-Gegensatz-Widerspruch.*

Im ersten Band des *Kapital,* im Kapitel »Geschichtliche Tendenz der kapitalistischen Akkumulation« stellt Marx dar, wie der Kapi-

---

[11] Weitere wichtige Vorkommen dieses Gedankens findet man im Manifest und in Engels' Anti-Dühring (in der Darlegung der Konzeption von Marx).

[12] MEW 13: 9.

talismus die Produktivkräfte entwickelt hat und wie sich parallel zur Entwicklung die Gegensätze dieser Gesellschaft entfalten. Dabei kommt er zu folgenden Schlüssen: »Das Kapitalmonopol wird zur Fessel der Produktionsweise, die mit und unter ihm aufgeblüht ist. Die Zentralisation der Produktionsmittel und die Vergesellschaftung der Arbeit erreichen einen Punkt, wo sie unverträglich werden mit ihrer kapitalistischen Hülle. Sie wird gesprengt. Die Stunde des kapitalistischen Privateigentums schlägt. Die Expropriateurs werden expropriiert.

Die aus der kapitalistischen Produktionsweise hervorgehende kapitalistische Aneignungsweise, daher das kapitalistische Privateigentum, ist die erste Negation des individuellen, auf eigne Arbeit gegründeten Privateigentums. Aber die kapitalistische Produktion erzeugt *mit der Notwendigkeit eines Naturprozesses* ihre eigne Negation. Es ist die Negation der Negation. Diese stellt nicht das Privateigentum wieder her, wohl aber das individuelle Eigentum auf Grundlage der Errungenschaft der kapitalistischen Ära: der Kooperation und des Gemeinbesitzes der Erde und der durch die Arbeit selbst produzierten Produktionsmittel.«[13]

Dieser Passus beschreibt die Entwicklung des Kapitalismus folgendermaßen: Eine Zeitlang entwickelt er die Produktivkräfte auf noch nie dagewesene Weise; das Entwickeln der Produktivkräfte erfolgt durch Vergesellschaftung der Produktion. Die vergesellschaften Produktivkräfte und die Produktionsverhältnisse geraten in Widerspruch. Der Widerspruch verschärft sich, wird unüberbrückbar, erreicht schließlich den »Punkt«, bei dem die Zentralisierung der Produktionsmittel die »Hülle« des Kapitalismus sprengt. Die kapitalistische Produktionsweise bringt mit der Notwendigkeit eines Naturprozesses ihre eigene Negation hervor. Freilich bricht der Kapitalismus nicht von selbst zusammen: Er wird vom Proletariat gestürzt. Dieses stürzt ihn aber notwendigerweise wegen seiner *ökonomischen* Disfunktion. Marx verneinte es – zu Recht –, dass er das Hegelsche Schema einfach über den Leisten seines eigenen Gedankenganges geschlagen hätte und behauptete, dass er es nur zwecks *Ausdruck* seines eigenen Gedankenganges benützte. Wir haben ge-

[13] MEW 23: 791; Hervorh. Á.H.

sehen, dass diese Behauptung stichhaltig ist. Marx hat in der Tat eine auf Hegel zurückführbare Widerspruch-Theorie, für die die Hegelsche Formel eine *adäquate* Ausdrucksweise ist.

Kommt aber in dieser Konzeption den »radikalen Bedürfnissen« eine Rolle zu? In der angeführten Passage beruft sich Marx einmal auf sie, indem er schreibt: »Mit der beständig abnehmenden Zahl der Kapitalmagnaten [...] wächst die Masse des Elends, des Drucks, der Knechtschaft, der Entartung, der Ausbeutung, aber *auch* die Empörung der stets anschwellenden und durch den Mechanismus des kapitalistischen Produktionsprozesses selbst geschulten, vereinten und organisierten Arbeiterklasse.«[14] Von wo immer man an diese Sätze herangehe – die Theorie der absoluten Verelendung (das Elend *wächst* mit der Entwicklung des Kapitalismus) steht hier zweifellos formuliert. Gleichzeitig taucht aber auch das Motiv der »radikalen Bedürfnisse« auf. Wir stehen also der vielleicht allerparadoxesten Artikulierung des erwähnten Paradoxons gegenüber. Ist aber die Negation der Negation ein *Naturgesetz,* so sind zum Sprengen des Kapitalismus keinerlei radikalen Bedürfnisse mehr notwendig.

Die *Kapital-Stelle* beweist es klar, dass Marx das Sollen nach Hegelianerart zur gesellschaftlichen Notwendigkeit, näher zur ökonomischen Notwendigkeit »objektiviert« hat, seinen Sollen-Charakter auf diese Weise beseitigend. Die Verallgemeinerung der Hegelschen Widerspruch-Theorie zu einem gesamtgesellschaftlichen Gesetz ist sicherlich nur eine *Folge* dessen. Der Umstand, dass der Gegensatz der Produktivkräfte und Produktionsverhältnisse in *jeder* Gesellschaft zustande kommt, wobei die letzteren durch die Entwicklung der ersteren gesprengt werden, ist der historische Beweis des »notwendigen« Zusammenbruchs des Kapitalismus. Hinzugefügt sei, dass Marx hier äußerst konsequent ist, konsequenter als Engels, für den es stets auch eine *andere* Alternative gibt, nämlich die des *Zugrundegehens der Produktivkräfte.*[15] »Indem die kapitalistische Produktionsweise mehr und mehr die

---

[14] Ebd.: 790f.

[15] Da das Manifest ein gemeinsames Werk ist, kann man sich darauf in diesem Zusammenhang nicht berufen.

große Mehrzahl der Bevölkerung in Proletarier verwandelt, schafft sie die Macht, die diese Umwälzung, *bei Strafe des Untergangs,* zu vollziehn genötigt ist.«[16] Die Setzung der Alternative in diesem Zusammenhang ist zweifellos ein Verdienst Engels, was jedoch aus einer gewissen *Einseitigkeit* seiner Konzeption folgt. Von den zwei Widerspruch-Theorien von Marx akzeptiert er nämlich ausschließlich eine – die hegelianische –, weshalb er für die Praxis nur innerhalb dieser »Raum« findet. Marx hat aber auch eine andere, grundverschiedene Widerspruch-Theorie, und er dachte auch diese ebenso konsequent zu Ende, wie die vorangehende.

Diese zweite Widerspruch-Konzeption lässt sich nicht einmal in Bezug auf die *bisherige* Geschichte verallgemeinern: Er selbst betont mehrmals ihre Unverallgemeinbarkeit (so beispielsweise im *Kapital I,* im Kapitel über den Warenfetischismus). Dieser Konzeption entsprechend sind die im Kapitalismus zum Ausdruck kommenden Antinomien die *Antinomien der* entwickelten *Warenproduktion.* Die Struktur des ersten Teiles von *Kapital I* – Ware-Geld-Kapital – fußt auf der Entfaltung *dieser* Antinomien. Ware ist Gebrauchswert und Tauschwert. Gebrauchs- und Tauschwert sind *von Anbeginn* (seit dem Warenwerden des Produkts) entwickelte Gegensätze antinomischen Charakters. Die Ware ist nicht Einheit der Gegensätze, sondern jene Form, innerhalb welcher sich die Gegensätze bewegen können. Die Warenform ist der *Keim* der Antinomien des Kapitalismus und enthält *die Antinomien des Kapitalismus* bereits im Keim.

In der Warenproduktion nehmen die menschlichen Verhältnisse die Form dinglicher Verhältnisse an, die *Gesellschaftlichkeit* wird zu Dinglichem fetischisiert. Die zu Dinglichem fetischisierten gesellschaftlichen Verhältnisse stehen den Einzelmenschen als ökonomische Gesetze, als Quasi-Naturgesetze gegenüber. Das Funktionieren der gesellschaftlichen Mächte wird zum Naturgesetz mystifiziert. »[D]ie unabhängig voneinander betriebenen, aber als naturwüchsige Glieder der gesellschaftlichen Teilung der Arbeit allseitig voneinander abhängigen Privatarbeiten fortwährend auf ihr gesellschaftlich proportionelles Maß reduziert werden, weil sich in den *zufälligen* und stets schwankenden Austauschverhält-

---

[16] MEW 19: 223; Hervorh. Á.H.

nissen ihrer Produkte die zu deren Produktion gesellschaftlich notwendige Arbeitszeit als regelndes *Naturgesetz* gewaltsam durchsetzt.«[17] Doch ist dieses Mystifiziertwerden zu einem Naturgesetz genau und *ausschließlich* die Folge der Warenproduktion bzw. deren inhärentes Wesen: »Die Wertform des Arbeitsprodukts ist die *abstrakteste,* aber auch *allgemeinste* Form der bürgerlichen Produktionsweise. [...] Versieht man sie daher für die ewige Naturform gesellschaftlicher Produktion, so übersieht man notwendig auch das Spezifische der Wertform, also der Warenform, weiter entwickelt der Geldform, Kapitalform usw.«[18] Diese sind Formen, »denen es auf der Stirn geschrieben steht, dass sie einer Gesellschaftsformation angehören, worin *der Produktionsprozess die Menschen, der Mensch noch nicht den Produktionsprozess bemeistert*«.[19]

Bevor wir auf die Analyse der Antinomien der Warenproduktion eingehen, wollen wir eins vorausschicken; nämlich dass dieser Konzeption jene Feststellung *logisch widerspricht,* wonach die Negation, nämlich das Zustandekommen der Gesellschaft der assoziierten Produzenten, ein Naturgesetz wäre. Das naturgesetzmäßige Funktionieren der Ökonomie gehört nämlich zur *Warenproduktion* und *nur* zu dieser, als Ausdruck des Warenfetischismus. Die positive Aufhebung des Privateigentums kann also keineswegs in der Form einer »Naturnotwendigkeit« vor sich gehen, ist doch das Wesen dieses Prozesses die *Aufhebung* des Fetischismus, die revolutionäre Liquidierung des Erscheinens der Gesellschaftlichkeit als Quasi-Naturgesetz. Der Übergang hat seine ökonomischen Bedingungen, doch kann der Übergang *kein rein ökonomischer Prozess* sein, sondern er muss eine *totale gesellschaftliche Revolution sein* und ist nur als solche denkbar.

Die *spezifischen,* aus der Warenproduktion folgenden Antinomien des Kapitalismus sind bei Marx: *Freiheit und Notwendigkeit, Notwendigkeit und Zufall, Teleologie und Kausalität* sowie – aus diesen folgend – die *spezielle Antinomie von gesellschaftlichem Reichtum und gesellschaftlicher Verarmung.* Diese sind die Antino-

---

[17] MEW 23: 29; Hervorh. Á.H.

[18] Ebd.: 95.

[19] Ebd.; Hervorh. Á.H.

mien der »reinen« Gesellschaft, in der die ökonomische Entwicklung sich als Naturgesetz geltend macht, in der – um uns wieder auf das *Kapital* zu berufen – der Mensch dem Produktionsprozess und nicht der Produktionsprozess dem Menschen unterworfen ist.

Betrachten wir zuerst die Antinomie Freiheit-Notwendigkeit. In der Warenproduktion ist der Produzent ein freier Mensch; ein Mensch, der sich von der Nabelschnur der natürlichen Gemeinschaft« losgelöst hat, der Warenaustausch selbst ein Akt der Freiheit und Gleichheit. Jeder Warenproduzent verfolgt frei sein privates Interesse (wir erinnern uns noch an die Marx-Stelle), wenn er seine Ware austauscht, tauscht er Gleiches gegen Gleiches. Dieselben Gedanken führt Marx auch hinsichtlich der Lohnarbeit aus. Der Lohnarbeiter ist frei; ohne freie Arbeitskraft hätte die kapitalistische Akkumulation gar nicht anlaufen können (eine der Funktionen der ursprünglichen Akkumulation war es, die freie Arbeitskraft auf den Markt zu werfen). Doch sind der freie Warenproduzent und der freie Arbeiter gleichermaßen der Quasi-Naturnotwendigkeit der Ökonomie unterworfen, die sich *hinter* den »freien« Akten des Einzelnen geltend machen. Dieser Antagonismus gehört zum *Wesen* der Warenproduktion bzw. des Kapitalismus *seit dem Augenblick seines Zustandekommens.*

Nun einen Blick auf die Antinomie von Notwendigkeit und Zufall. Das Wertgesetz (demzufolge der Wert durch die gesellschaftlich notwendige Arbeitszeit bestimmt wird) ordnet Marx nicht ausschließlich dem Kapitalismus zu, sondern *jeder* Gesellschaft, in der die Sphäre der Produktion *rational* ist; das Wertgesetz wird sich also am reinsten in der Gesellschaft der »assoziierten Produzenten« geltend machen: »Diese Verminderung des in die Ware eingehenden Gesamtarbeitsquantums scheint hiernach das wesentliche Kennzeichen gesteigerter Produktivkraft der Arbeit zu sein, gleichgültig unter welchen gesellschaftlichen Bedingungen produziert wird. In einer Gesellschaft, worin die Produzenten ihre Produktion nach einem voraus entworfnen Plan regeln [...] würde die Produktivität der Arbeit auch unbedingt nach diesem Maßstab gemessen«, schreibt er im dritten Band des *Kapital*.[20] Dieses, die ra-

[20] MEW 25: 271.

tionale Produktion kennzeichnende Gesetz der Ökonomie offenbart sich jedoch im Kapitalismus als Naturgesetz, und zwar in der Form von Zufällen (man erinnere sich an die Stelle aus *Kapital I*, S. 89), da der Wert der Ware im Warenaustausch als Tauschwert fungiert. Profit, Durchschnittsprofit, Marktpreis als verschiedene Formen des *Scheins* verdecken und mystifizieren das Wertgesetz selbst. Was aber in diesem Zusammenhang noch wichtiger ist, das ist der Umstand, dass sich Produktion und Bedürfnis auf dem *Markt* in der Form von Angebot und Nachfrage begegnen, wodurch diese Begegnung auch selber *zufällig* wird. *Es ist genauso möglich, dass sie sich nicht treffen,* und wenn die Begegnung ausbleibt, schafft sich das Wertgesetz mit der Wucht eines Naturgesetzes – in der Form von Krisen – Recht und Geltung.

Die Menschen der kapitalistischen Gesellschaft sind »zufällige Individuen«, nicht hineingeboren in irgendwelche »naturgegebene Arbeitsteilung«, ihre Bestimmung ist nicht durch Geburt determiniert. Doch sind sie infolge der Struktur der kapitalistischen Gesellschaft einer Art gesellschaftlicher Arbeitsteilung *untergeordnet,* die ihre Bedürfnisse »verteilt« – das haben wir ja gesehen –, und diese Bedürfnisse sind nunmehr nicht durch ihre Persönlichkeit, sondern durch den von ihnen eingenommenen Platz in der gesellschaftlichen Arbeitsteilung determiniert. Ebenso werden auch ihre Fähigkeiten, »Sinne« usw. von der gesellschaftlichen Arbeitsteilung »verteilt«.

Die nächste Antinomie, die wir betrachten wollen, ist die von Kausalität und Teleologie. Wenn Engels, in den Fußstapfen von Hegel, die Dialektik des menschlichen Handelns und dessen Folgen derart beschreibt, dass Jedermann seine eigenen Ziele zu verwirklichen gedenkt, dabei aber etwas ganz anderes herauskommt, als was die Individuen ursprünglich erreichen wollten, so stellt er im Grund genommen die *Antinomik der warenproduzierenden Gesellschaft* dar. Dass er dies nicht als Antinomik, sondern als »allgemeine Dialektik« des Geschichtsprozesses betrachtet, verbürgt eben die Hegelschen Fundamente seines Standpunkts. Was will der einzelne Kapitalist, was ist sein Ziel? Er will verwerten, genauer, Profit machen. Und was will der Arbeiter? Sich erhalten können. Diese Ziele setzen die Gesetze des Kapitalismus »hinter dem Rücken« der zielsetzenden Menschen in Bewegung. Auch die Produktionssteigerung ist nicht Ziel des Einzelmenschen. Die von Marx hochgeschätzte Formel »Produktion für die Produktion« ist *hochwissenschaftlich* und eine *Wortwahl* von Ricardo. (Aufgrund dieser Formel berechtigt er den Kapitalismus, weil der Kapitalismus die Produktivkräfte in der Tat entwickelt.) Indes regelt den Mechanismus des Kapitalismus nicht das Prinzip »Produktion für die Produktion«, sondern das Prinzip »Produktion für die Verwertung«. Die schönste konkrete Analyse Marxens hinsichtlich der Antinomie von Teleologie und Kausalität ist die des Gesetzes der fallenden Durchschnittsprofitrate. Kein einziger Kapitalist hat das Ziel, die Durchschnittprofitrate zu senken. Im Interesse ihres Zieles – des Profitmachens und des Überlebens in der Konkurrenz – müssen sie aber das fixe Kapital ständig steigern und sie lenken damit immer wieder aufs Neue den Prozess ein, der *kausal* zur ständigen Senkung der Durchschnittsprofitrate führt. In der kapitalistischen Gesellschaft kann die *individuelle Teleologie* nie zur *gesellschaftlichen Teleologie* werden.

Und was schließlich die *spezielle* (den Kapitalismus charakterisierende) Antinomie von Reichtum und Armut anbelangt, lassen wir Marx selber sprechen: »Ricardo betrachtet mit Recht, für seine Zeit, die kapitalistische Produktionsweise als die vorteilhafteste für die Produktion überhaupt, als die vorteilhafteste zur Erzeugung des Reichtums. Er will *die Produktion der Produktion halber,* und dies ist *recht.* Wollte man behaupten [...], dass die Produktion nicht als solche der Zweck sei, so vergisst man, dass Produktion um der Produktion halber nichts heißt als Entwicklung der menschlichen Produktivkräfte, also *Entwicklung des Reichtums der menschlichen Natur als Selbstzweck.* [...] Dass diese Entwicklung der Fähigkeiten der Gattung *Mensch*, obgleich sie sich zunächst auf Kosten der Mehrzahl der Menschenindividuen und ganzer Menschenklassen macht, schließlich diesen Antagonismus durchbricht und zusammenfällt mit der Entwicklung des einzelnen Individuums, dass also die höhere Entwicklung der Individualität nur durch einen historischen Prozess erkauft wird, worin die Individuen geopfert werden, wird nicht verstanden.«[21]

---

[21] MEW 26.2: 110f.

Es ist klar, dass hier nicht von der Entfremdung *überhaupt*, sondern von der kapitalistischen Entfremdung *insbesondere* die Rede ist, von der Entfremdung der »reinen Gesellschaft«, von der Entfremdung des Allgemeinwerdens der Warenverhältnisse, der kapitalistischen »Befreiung« der Produktivkräfte.[22]

Uns aber interessiert momentan besonders die *Auflösung* der Antinomie – der »Übergang« zur Gesellschaft der Zukunft. Was sagt Marx? *»Die Entwicklung der Fähigkeiten der Gattung Mensch«* wird es sein, die diesen Antagonismus durchbricht. Ist aber dieser Begriff gleichbedeutend mit der »Zentralisierung der Produktionsmittel« und der »Vergesellschaftung der Arbeit«, von der an der zitierten Stelle von *Kapital I* die Rede ist? Zweifellos nicht. »Die Entwicklung der Fähigkeiten der Gattung Mensch« ist ein weitaus breiterer Begriff als der vorangehende und sicherlich nicht allein die Folge der Zentralisierung der Produktionsmittel und der Vergesellschaftung der Arbeit. Und wovon hier nicht die Rede ist, (übrigens in keiner einzigen Passage, in der diese Antinomie-Auffassung erörtert wird), das ist jenes gewisse »Naturgesetz«, das aus der Gesellschaft der Zukunft hinleitet. Die Notwendigkeit des »Übergangs« wird nämlich nicht von irgendeinem Naturgesetz »garantiert«, sondern von den *radikalen Bedürfnissen*.

Behauptete Marx von seiner ersten Widerspruch-Theorie, sie sei die »umgestülpte« Dialektik Hegels, so können wir über die zweite mit Recht behaupten, damit habe er Fichtes Antinomie umgestülpt. Die Antinomien Freiheit-Notwendigkeit, Zufall-Notwendigkeit, Kausalität-Teleologie, Subjekt-Objekt sind nicht Antinomien des Denkens, sondern des *Seins*. Auch sind sie nicht Antinomien des gesellschaftlichen Seins schlechthin, sondern der warenproduzierenden Gesellschaft, des Kapitalismus insbesondre. In dieser Interpretierung ist die Dialektik nichts anderes, als *Ausdruck* der Antinomien der kapitalistischen Gesellschaft.[23]

---

[22] Denselben Gedanken s. in MEW 42: 95f., 395f. und 570f.

[23] Auch Georg Lukács hat die Dialektik, in den Fußstapfen von Marx, dieserart interpretiert, und zwar sowohl in Geschichte und Klassenbewusstsein als auch in Der junge Hegel.

Diese Antinomien sind also die Seinsantinomien des Kapitalismus; der kapitalistische »Gesellschaftskörper« findet in diesen Ausdruck. Im *Anti-Proudhon* weist Marx jene Vorstellungen des Franzosen ironisch zurück, wonach man die »schlechten Seiten« des Kapitalismus verwerfen, die »guten Seiten« bewahren muss. Die Strukturen des »Gebildes« setzen sich ja gegenseitig und es ist unmöglich, die eine zu verwerfen und die andere zu behalten. *Jene* Freiheit nämlich, die mit der Notwendigkeit in antinomischem Verhältnis steht, ist *nicht dieselbe* Freiheit, die nicht mit der Notwendigkeit in antinomischem Verhältnis steht; *jene* Notwendigkeit, die mit dem Zufall in antinomischem Verhältnis steht, ist *nicht dieselbe* die nicht mit dem Zufall in antinomischem Verhältnis steht und *jene* Teleologie, die mit der Kausalität in antinomischem Verhältnis steht, ist nicht dieselbe, die keine kausale Antinomie hat. Und letztlich ist auch *jenes* Subjekt, das sich mit seinem Objekt antinomisch entwickelt, *nicht dasselbe,* das sein Objekt in sich »zurücknimmt«, das die Subjekt-Objekt-Identität zustande bringt. (Wir wissen ja: Sobald die Gattung Mensch die kapitalistische Entfremdung, den Antagonismus der Entwicklung von Subjekt und Objekt durchbricht, fällt die Entwicklung der Gattung »mit der Entwicklung des einzelnen Individuums« zusammen.)

Es ist interessant, den Gedankengang des *Anti-Proudhon* von diesem Blickwinkel aus zu verfolgen. Marx hat in dieser Arbeit *jedes Moment seiner Folgerung* – und zwar in der Reihenfolge ihres Nacheinanders – erörtert. Auf die Gebilde-Konzeption folgt die Formulierung der radikalen Bedürfnisse von einem für Marx wichtigen Gesichtspunkt aus, dem *Bedürfnis der Universalität.*[24] *Sodann schließt der Gedankengang folgendermaßen: »Inzwischen ist der Gegensatz zwischen Proletariat und Bourgeoisie ein Kampf von Klasse gegen Klasse, ein Kampf, der, auf seinen höchsten Ausdruck gebracht, eine totale Revolution bedeute.*«[25] Wo es nämlich keine »gute Seite« gibt, die man im Gegensatz zur »schlechten Seite« bewahren könnte, wo sich die Gegensätze gegenseitig setzen, dort

[24] Diesen Gedankengang werden wir später wörtlich anführen.

[25] MEW 4: 182; Hervorh. Á.H.

ist die einzige Transzendierung dieses Gegensatzpaares die totale gesellschaftliche Revolution.

All das beweist das bisher Behauptete. Inkompatibel mit Marxens zweiter Widerspruch-Theorie ist jene Konzeption, wonach der Weg vom Kapitalismus zum Kommunismus ein objektives Naturgesetz wäre. Dieser Konzeption nach ist es allein der revolutionäre Kampf des durch die radikalen Bedürfnisse konstruierten *kollektiven Subjekts* (der Arbeiterklasse), die revolutionäre *Praxis,* die den Übergang und die Schaffung der Zukunftsgesellschaft gewährleisten.

Sie »gewährleisten« es, sage ich, denn es geht hier in der Tat auch um eine »Garantie«. Aus der zweiten Widerspruch-Theorie von Marx folgt nämlich der Kommunismus *nicht weniger notwendigerweise* als aus der ersten. Auch in diesem Fall hat Marx das Sollen objektiviert, jedoch, wie gesagt, nicht zu einem »Naturgesetz«, sondern zum kollektiven Sollen. Nur der Kampf des kollektiven Subjekts vermag die neue Gesellschaft zustande zu bringen; seine Revolution ist eine radikale und totale. Doch kommt dieses kollektive Sollen selbst notwendigerweise zustande – da ja der kapitalistische »Gesellschaftskörper« die radikalen Bedürfnisse und deren Träger notwendigerweise hervorbringt.[26]

Ich habe behauptet, dass in der von Marx gedachten Gesellschaft der »assoziierten Produzenten« die obigen Antinomien auf-

---

[26] Der Umstand, dass diese radikalen Bedürfnisse zu Marxens Zeiten noch nicht zustande gekommen waren (zumindest nicht massenhaft), dass Marx sie sozusagen konstruieren musste, beweist noch nicht, dass diese Theorie falsch wäre. Man erwäge, dass wir eben heute Augenzeugen des Zustandekommens ähnlicher »radikaler Bedürfnisse« sind. Auch beeinträchtigt es die Größe Marxens nicht, dass der Träger dieser radikalen Bedürfnisse heute nicht (oder nicht ausschließlich) die Arbeiterklasse ist. Marx konnte nur dort überhaupt radikale Bedürfnisse konstruieren, wo er für deren Entfaltung überhaupt irgendwelche Möglichkeit sah. – Es ist eine andere Frage, dass die einfache »Übertragung« des Sollens in die Sphäre der Objektivität« d.h. die Idee der Notwendigkeit der revolutionären Tat – für uns heute nicht akzeptierbar ist. Das Wenigste ist, dass wir auch zu dieser Konzeption die Einschränkung Engels' hinzufügen: »bei Strafe des Untergangs«.

hören zu sein, und dass der Weg ihrer Aufhebung die totale Revolution ist.

Wie gestaltet sich in der Vorstellung von Marx die kommunistische Gesellschaft vom Gesichtspunkt der Aufhebung eben dieser Antinomien? Da wir auf die Analyse des Bedürfnissystems der Gesellschaft der »assoziierten Produzenten« noch zurückkehren werden, wollen wir hier nur einige Worte darüber sagen. Der Gegensatz von Subjekt und Objekt hört auf, wie bereits darauf hingewiesen, der Reichtum der Gattung und der Reichtum des Individuums »fallen zusammen«[27] bzw. der Reichtum der Gattung wird von jedem einzelnen Individuum repräsentiert. Das Reich der Produktion (der Stoffwechsel der Gesellschaft mit der Natur) bleibt nach wie vor das Reich der Notwendigkeit, doch wird diese Notwendigkeit der Freiheit *untergeordnet.* Die zwischenmenschlichen gesellschaftlichen Verhältnisse werden nämlich freie Verhältnisse sein, die in Freiheit vergesellschaftete Menschheit *beherrscht* das Reich der Notwendigkeit und reguliert, kontrolliert es.

Das Wertgesetz kommt nicht auf dem Markt zur Geltung: Damit wird das Moment des Zufalls aus der Ökonomie *eliminiert.* Die Menschen haben nicht länger ein zufälliges Verhältnis zur Gesellschaftlichkeit. Als vergesellschaftete Individuen werden sie die für sich gewordene menschliche Gattung repräsentieren. Die Teleologie wird die Dominanz über die Kausalität haben. Die »assoziierte Intelligenz« der assoziierten Produzenten wird die *gesellschaftliche Teleologie* verkörpern. Keinerlei Quasi-Naturkraft wird sich mehr »hinter dem Rücken« der Menschen geltend machen: Aus den Setzungen der kollektiven Teleologie »kommt das heraus«, was die Menschen *wirklich wollen.* Diese Unterordnung wird aber nur möglich, da die Freiheit der zukünftigen Gesellschaft nicht dieselbe Freiheit, die Notwendigkeit der zukünftigen Gesellschaft nicht dieselbe Notwendigkeit, die Teleologie der zukünftigen Gesellschaft nicht dieselbe Teleologie und der gesellschaftliche Reichtum der

[27] Ökonomisch-philosophische Manuskripte [Á. Heller hat an dieser Stelle keine Seitenzahl angegeben, vermutlich bezieht sie sich auf das Unterkapitel »Privateigentum und Kommunismus« in MEW 40: 533ff., insbesondere S. 540; siehe auch Marx' 6. These über Feuerbach in MEW 3: 6]).

Zukunft nicht derselbe Reichtum sind, wie die der kapitalistischen Gesellschaft. Die zukünftige Gesellschaft ist *in jedem Moment ihrer Struktur von Grund auf anders* als die kapitalistische – deshalb kann sie nur in einer totalen Revolution zustande kommen. Doch ist es selbstverständlich die kapitalistische Entwicklung der Produktivkräfte, die die Möglichkeit dieser Revolution herbeiführt.

Die im letzten Satz formulierte Behauptung ist ein *gemeinsamer* Zug beider Widerspruch-Konzeptionen von Marx. Und diesbezüglich scheint noch eine Bemerkung notwendig zu sein. Obwohl es meines Erachtens genügend bewiesen ist, dass Marx zweierlei Widerspruch-Theorien hat und dass sich die beiden *im Prinzip* gegenseitig ausschließen, heißt das nicht so viel, dass es in den Werken von Marx keine Stelle gebe, wo die beiden Konzeptionen *gemeinsam* erscheinen, wo in der Ausführung der einen Widerspruch-Theorie nicht auch aus der anderen folgende Erwägungen eine Rolle spielten; es gibt solcher sogar mehrere. Wir haben darauf bereits anhand der Negation der Negation hingewiesen, indem wir darauf aufmerksam machten, dass dort das Motiv der »radikalen Bedürfnisse« erklingt – ein Motiv, das im gegebenen Kontext entbehrlich wäre.

Die Tatsache, dass Marx zwei verschiedene Widerspruch-Theorien hat, ist nicht ein Mangel seines Denkens, im Gegenteil, ein *glänzender Beweis seines Genies.* Wie jeder andere bedeutende Denker, opferte auch er das *Suchen* nach Wahrheit über verschiedene Wege, in verschiedenen Richtungen, nicht auf dem Altar der Kohärenz des Systems auf. Er machte sich an verschiedene Lösungsversuche heran und dachte in all diesen Anläufen mit der das Genie kennzeichnenden Konsequenz. Marx zu einem kohärenten Denker eines Systems aufzupolieren bedeutete, ihm genau das zu nehmen, was die erstrangige Quelle seiner Größe ist: Das fieberhafte, vielseitige Suchen nach der Wahrheit. Kennzeichnend für den großen Denker ist nicht nur, dass er wichtige Impulse gibt, sondern dass diese Impulse in mehrere Richtungen hinweisen. Marxens Unsterblichkeit, historische Epochen transzendierende Lebendigkeit beruht eben auf dieser genialen Inkohärenz. Genau deshalb kann man ihn immer wieder neu entdecken, deshalb können viele, verschiedene Bewegungen, die jedoch stets von *weltgeschichtlicher Bedeutung* sind, Marx als ihren Vorfahren betrachten, ihren »eignen« Marx auffinden. Deshalb ist sein Werk ein unerschöpflicher, klarer Born.

Die Konzeption der radikalen Bedürfnisse erscheint zuallererst in der Einleitung zur *Kritik der Hegelschen Rechtsphilosophie* in ausführlicher Form. Im Zuge ihres Entstehens können wir die Konzeption am besten »auf frischer Tat ertappen«, wie sehr und inwieweit sie die Objektivierung des Sollens darstellt. Marx spricht nämlich davon, wie sich die rein *theoretische Kritik* im Handeln realisiert, um die Aufgaben, »für deren Lösung es nur ein Mittel gibt: die Praxis«.[28] Die Ausführung geht folgendermaßen weiter: »Die Waffe der Kritik kann allerdings die Kritik der Waffen nicht ersetzen, die materielle Gewalt muss gestürzt werden durch materielle Gewalt; allein auch die Theorie wird zur materiellen Gewalt, sobald sie die Massen ergreift. Die Theorie ist fähig, die Massen zu ergreifen, sobald sie *ad hominem* demonstriert, und sie demonstriert *ad hominem,* sobald sie radikal wird. Radikal sein ist, die Sache an der Wurzel fassen. Die Wurzel für den Menschen ist aber der Mensch selbst.«[29]

Marx misst hier den Radikalismus der Theorie an der Wertsetzung, den der Mensch (der menschliche Reichtum) darstellt (Wertprämie): Radikal ist die Theorie, für die der Mensch (der menschliche Reichtum) den höchsten Wert darstellt.[30] Die Frage ist aber die folgende: Wie kann die radikale Theorie zur Praxis werden? Wie kann sie die Massen ergreifen? Wie werden die Werte der radikalen Kritik zu Werten der Massen, das heißt, wie kann das Sollen zum kollektiven Sollen werden? – Und die Antwort lautet: »Die Theorie wird in einem Volke nur so weit verwirklicht, als sie die Verwirklichung *seiner Bedürfnisse* ist. [...] *Eine radikale Revolution kann nur*

---

[28] MEW 1: 385.

[29] Ebd.

[30] Wir betrachten diese Wertprämisse nicht als ausschließlich für Marxens Jugendauffassung kennzeichnend, wie wir es schon des Öfteren ausgeführt haben. Hier sei noch eins den früheren hinzugefügt. Im dritten Band der Theorien über den Mehrwert zitiert Marx Galiani: »Der wahre Reichtum [...] ist der Mensch« (MEW 26.3: 263) und lobt in begeisterten Worten, wie man sie bei Marx nur selten findet, den hierin zum Ausdruck kommenden erhabenen »Spiritualismus« der proletarischen Ideologie.

die Revolution radikaler Bedürfnisse sein.«[31] Die »Träger« der radikalen Bedürfnisse sind es also, die die radikale Theorie zu verwirklichen mögen. Sodann *sucht* Marx die Träger dieser radikalen Bedürfnisse, um sie schließlich in der *Arbeiterklasse* zu finden. Seine Folgerung begründet er damit, dass diese Klasse eine »Klasse mit *radikalen Ketten* [ist], eine Klasse der bürgerlichen Gesellschaft, welche keine Klasse der bürgerlichen Gesellschaft ist [...], [eine] Sphäre, welche einen universellen Charakter durch ihre universellen Leiden besitzt und kein *besonderes Recht* in Anspruch nimmt, weil kein *besonderes Unrecht,* sondern das *Unrecht schlechthin* an ihr verübt wird, welche nicht mehr auf einen *historischen,* sondern nur noch auf *den menschlichen* Titel provozieren kann«.[32] Die Arbeiterklasse verkörpert daher die radikalen Bedürfnisse, weil sie keine *partikularen* Ziele hat, solche auch nicht haben kann, da ihre Ziele *eo ipso* nur *allgemein* sein können. Später formuliert Marx diesen Gedanken (unter anderem im *Manifest der Kommunistischen Partei)* solcherart, dass sich die Arbeiterklasse nicht befreien kann, ohne die ganze Menschheit zu befreien.[33]

Diese Konzeption analysieren wir ausschließlich vom Gesichtspunkt der radikalen Bedürfnisse, deuten daher ihre Widersprüche nur an. Wenn es auch stichhaltig ist – und es ist, unseres Erachtens, stichhaltig –, dass sich die Arbeiterklasse nur derart befreien kann, dass sie somit auch die Menschheit befreit, folgt daraus noch nicht, dass sich die Arbeiterklasse *tatsächlich* befreien will, dass ihre Bedürfnisse in der Tat radikale Bedürfnisse sind. Auch folgt daraus nicht, dass sie keine partikularen Ziele (Partikularbedürfnisse) hätte, welche sie innerhalb der kapitalistischen Gesellschaft realisieren bzw. befriedigen kann. Wie bereits erwähnt, spricht Marx später über diese partikularen Interessen anhand des Lohnkampfes, er selbst konfrontiert den partikularen Kampf um Lohnsteigerung mit dem »allgemeinen« Kampf um die Aufhebung des

---

[31] MEW 1: 386f.; Hervorh. Á.H.

[32] Ebd.: 390.

[33] Das Manifest ist übrigens das einzige Werk, in dem der Begriff des Klasseninteresses in dieser Beziehung erwähnt wird. Da es das gemeinsame Werk von Marx und Engels ist, ziehe ich es bei der Analyse des Interesses nicht in Betracht.

Lohnsystems, um die Befriedigung der radikalen Bedürfnisse. Wir erinnern uns noch, dass laut Marx die Reduktion zu elenden partikularen Bedürfnissen und Interessen *und* das Zustandekommen der radikalen Bedürfnisse gleichzeitig und zugleich die Arbeiterklasse charakterisieren.

Des Späteren sucht Marx den Ursprung der »radikalen Bedürfnisse« auch nicht in den »radikalen Ketten«, auch nicht im Mangel partikularer Ziele. Wo immer er ihn aber auch sucht, ist das *Wesen* seines Gedankenganges stets derselbe. Er beruht stets darauf, dass die kapitalistische Gesellschaft selber die radikalen Bedürfnisse hervorbringt, somit ihren Totengräber produziert, dass diese Bedürfnisse organische Bestandteile des »Gesellschaftskörpers« des Kapitalismus und somit innerhalb der gegebenen Gesellschaft unbefriedigbar sind; eben deshalb sind sie Motive der die gegebene Gesellschaft *transzendierenden* Praxis.

In der *Deutschen Ideologie* sind die radikalen Bedürfnisse darin fundiert, dass die Arbeit dem Proletarier *zufällig* geworden ist, »worüber die einzelnen Proletarier keine Kontrolle haben und worüber ihnen keine *gesellschaftliche* Organisation eine Kontrolle geben kann, und der Widerspruch zwischen der Persönlichkeit des einzelnen Proletariers und seiner ihm aufgedrängten Lebensbedingung, der Arbeit, tritt für ihn selbst hervor«.[34]

Laut Marx wird also der Arbeiter sich dessen *bewusst,* dass sich zwischen dem Entwicklungsbedürfnis seiner Persönlichkeit und dem »Zufall« seiner Unterordnung unter die Arbeitsteilung ein Widerspruch spannt. Eben deshalb »müssen die Proletarier, *um persönlich zur Geltung zu kommen,* ihre eigne bisherige Existenzbedingung, die zugleich die der ganzen bisherigen Gesellschaft ist, die Arbeit [gemeint ist die Lohnarbeit – Á.H.], aufheben. Sie befinden sich daher auch im direkten Gegensatz zu der Form, in der die Individuen der Gesellschaft sich bisher einen Gesamtausdruck gaben, zum Staat, und *müssen den Staat stürzen,* um *ihre* Persönlichkeit durchzusetzen«.[35] Es ist notwendig zu bemerken, dass in

---

[34] MEW 3: 77. Auch aus dieser Ausführung ist klar ersichtlich, dass der Gedanke der radikalen Bedürfnisse aus Marxens zweiter Widerspruch-Theorie hervorgeht.

[35] Ebd.; Hervorh. Á.H.

dieser Passage das »Müssen« zweimal und jeweils mit Nachdruck steht. Die Notwendigkeit ist aber nicht die der »objektiv ökonomischen Naturgesetze«, sondern die des *subjektiven Handelns*, der kollektiven Tat, der Praxis.

Der Gedanke, dass sich die radikalen Bedürfnisse in irgendeiner Form aus der Arbeit konstituieren, zieht sich wie ein roter Faden durch das Werk von Marx. Entweder in der Form, dass die Mehrarbeit (die man für sich selber verrichtet) zum Bedürfnis wird,[36] oder derart, dass die vermehrte Freizeit ihr Zustandekommen (und das Bedürfnis für noch mehr Freizeit) ermöglicht, oder aber derart, dass das durch die Massenproduktion aufgekommene Bedürfnis für Universalität innerhalb des Kapitalismus unbefriedbar ist.

Das Bedürfnis der Freizeit ist laut Marx derart *elementar*, dass es die Schranken der Entfremdung ständig durchstößt. Im ersten Band des *Kapital* – und auch anderenorts – erscheint der Kampf um mehr Freizeit (verkürzte Arbeitszeit) stets *im Fokus des proletarischen Klassenkampfes*. »Es findet hier also eine Antinomie statt, Recht wider Recht, beide gleichmäßig durch das Gesetz des Warenaustausches besiegelt. Zwischen gleichen Rechten *entscheidet die Gewalt*. Und so stellt sich in der Geschichte der kapitalistischen Produktion die Normierung des Arbeitstags als Kampf um die Schranken des Arbeitstags dar – ein Kampf zwischen dem Gesamtkapitalisten, d.h. der Klasse der Kapitalisten, und dem Gesamtarbeiter, oder der Arbeiterklasse.«[37] Während der Lohnkampf laut Marx für die partikularen Interessen des Proletariats geführt wird, transzendiert der Kampf um Freizeit die partikularen Interessen und enthält im Prinzip die »Gattungsmäßigkeit«. Stolz weist Marx darauf hin, dass die Arbeiter, im Zuge einer soziologischen »Untersuchung« befragt, ob sie mehr Lohn oder mehr Freizeit wünschen, zu überwiegender Mehrzahl sich für das *letztere* entschieden. Selbstverständlich leugnet es Marx nicht, dass auch der Klassenkampf um Freizeit innerhalb des Rahmens des Kapitalismus bleiben kann, sind es ja genau die Gesetze des Warenaustauschs, die das »gleiche Recht«, in dem die Gewalt entscheidet, hervorbringen. Gleichzeitig ist er,

---

[36] MEW 42: 257f.

[37] MEW 23: 249; Hervorh. Á.H.

wie gesagt, überzeugt, dass der Kapitalismus *über einen Punkt hinaus* unfähig ist, die Arbeitszeit weiter zu kürzen. An diesem Punkt wird das Bedürfnis der Freizeit im *Prinzip* zu einem radikalen Bedürfnis, dessen Befriedigung nur durch die Transzendierung des Kapitalismus möglich wird. Im Zusammenhang mit dem Bedürfnis der Freizeit tritt der Charakter der »radikalen Bedürfnisse« übrigens besonders plastisch hervor. Es wird vom Kapitalismus selbst, von der Antinomik des Kapitalismus hervorgebracht und gehört geradezu zum Funktionieren des Kapitalismus hinzu.[38] Gleichzeitig mobilisiert *dasselbe* Bedürfnis die Arbeiterklasse zur Transzendierung des Kapitalismus.

Ähnlich steht es um das Bedürfnis für *Universalität.* In der *Deutschen Ideologie* ist der einschlägige Gedanke noch offen mit Sollen-Charakter formuliert. Das Bedürfnis der Universalität *muss* zustande kommen, weil nur Menschen, die sich das Bedürfnis (und die Fähigkeit) der Universalität angeeignet haben, zur totalen Revolution fähig sind: »*[D]as Privateigentum nur aufgehoben werden kann* unter der Bedingung einer allseitigen Entwicklung der Individuen, weil eben der vorgefundene Verkehr und die vorgefundenen Produktivkräfte allseitig sind und *nur von allseitig sich entwickelnden Individuen angeeignet*, d.h. zur freien Betätigung ihres Lebens gemacht werden können.«[39] Im *Anti-Proudhon* spricht aber Marx nicht mehr vom Sollen. Das Bedürfnis für Universalität ist im Kapitalismus bereits *zustande gekommen,* das »radikale Bedürfnis« zur Transzendierung des Kapitalismus »liegt« bereits »vor«: »Was die Teilung der Arbeit in der mechanischen Fabrik kennzeichnet, ist, dass sie jeden Spezialcharakter verloren hat. Aber von dem Augenblick an, wo jede besondere Entwicklung aufhört, *macht sich das Bedürfnis nach Universalität, das Bestreben nach einer allseitigen Entwicklung des Individuums fühlbar.*«[40]

---

[38] Die Kürzung der Arbeitszeit zwingt die Kapitalisten zur ständigen Steigerung der Produktivität, zum Obergewicht des relativen Mehrwerts im Vergleich zum absoluten, was im Grunde genommen eine spezifische Eigenart der kapitalistischen Produktion des Mehrwerts darstellt.

[39] MEW 3: 424; Hervorh. Á.H.

[40] MEW 4: 157; Hervorh. Á.H.

Denselben Gedanken legt Marx in *Kapital I* dar. Die in der kapitalistischen Gesellschaft dominierende »Maschinerie« macht die Entfaltung der Universalität der Fähigkeiten unerlässlich. Dies aber setzt sich innerhalb dieser Gesellschaft als Naturgesetz durch. Doch »durchkreuzt« die kapitalistische Arbeitsteilung die Entfaltung der Universalität. Die Arbeiterklasse muss die politische Macht erobern, die Arbeitsteilung aufheben, damit sich die Universalität – nunmehr nicht als ein Naturgesetz, das sich hinter dem Rücken der Menschen durchsetzt – realisiert. »Wenn aber der Wechsel der Arbeit sich jetzt nur als überwältigendes Naturgesetz und *mit der blind zerstörenden Wirkung eines Naturgesetzes* durchsetzt, das überall auf Hindernisse stößt, macht die große Industrie durch ihre Katastrophen selbst es zur Frage von Leben und Tod, den Wechsel der Arbeiten und daher möglichste Vielseitigkeit der Arbeit als allgemeines gesellschaftliches Produktionsgesetz anzuerkennen. [...] Sie macht es zu einer Frage von Leben und Tod, die Ungeheuerlichkeit einer elenden, für das wechselnde Exploitationsbedürfnis des Kapitals in Reserve gehaltenen, disponiblen Arbeiterbevölkerung zu ersetzen durch die absolute Disponibilität des Menschen für wechselnde Arbeitsfordernisse; das Teilindividuum, den blassen Träger einer gesellschaftlichen Detailfunktion, durch das total entwickelte Individuum, für welches verschiedne gesellschaftliche Funktionen einander ablösende Betätigungsweisen sind. [...] unterliegt es keinem Zweifel, dass die *unvermeidliche* Eroberung der politischen Gewalt durch die Arbeiterklasse auch dem technologischen Unterricht, theoretisch und praktisch, seinen Platz in den Arbeiterschulen erobern wird. Es unterliegt ebenso wenig einem Zweifel, dass die kapitalistische Produktion und die ihr entsprechenden ökonomischen Arbeitsverhältnisse *im diametralsten Widerspruch* steht mit solchen Umwälzungsfermenten und ihrem Ziel, der Aufhebung der alten Teilung der Arbeit.«[41]

Zweifellos wirft hier Marx das Problem der radikalen Bedürfnisse nur *in einer Beziehung* auf, weshalb ihr Begriff hier enger als in den früher zitierten Passagen ist. Doch der reife Marx spricht auch nicht mehr nur von diesem Blickwinkel her von radikalen Bedürfnissen.

---

[41] MEW 23: 511f.; Hervorh. Á.H.

Übrigens beschäftigt er sich – kaum zwei Seiten nach der hier angeführten Stelle – mit *derselben* Frage anhand der Auflösung der Familie. Der Kapitalismus löst die christlich-germanische Familienform auf: »die Zusammensetzung des kombinierten Arbeitspersonals aus Individuen beiderlei Geschlechts und der verschiedenen Altersstufen, obgleich in ihrer naturwüchsig brutalen, kapitalistischen Form, wo *der Arbeiter für den Produktionsprozess, nicht der Produktionsprozess für den Arbeiter da ist,* Pestquelle des Verderbs und der Sklaverei, unter *entsprechenden* Verhältnissen umgekehrt zur Quelle *humaner* Entwicklung umschlagen *muss.*«[42]

Es wäre jedoch verfehlt zu denken, dass der reife Marx die Ausgestaltung der radikalen *Bedürfnisse ausschließlich* mit der modernen industriellen Produktion in Verbindung stellt. *Universaler* als in allen Frühwerken erscheint nämlich die Idee der radikalen Bedürfnisse in den *Grundrissen,* wo Marx den Gedanken erörtert, dass die *kapitalistische Entfremdung* selber die radikalen Bedürfnisse hervorbringt, und zwar *im Bewusstsein* der Entfremdung.

»Das Material, das es[43] bearbeitet, ist *fremdes* Material; ebenso das Instrument *fremdes Instrument; seine Arbeit erscheint nur als Akzessorium an ihnen als der Substanz und vergegenständlicht sich daher in nicht ihm Gehörigem. Ja die lebendige Arbeit selbst erscheint fremd* gegenüber dem lebendigen Arbeitsvermögen, dessen Arbeit sie ist, dessen eigene Lebensäußerung sie ist. [...] Das Arbeitsvermögen verhält sich zu ihr als einer fremden, und wenn das Kapital es zahlen wollte, *ohne* es arbeiten zu lassen, würde es mit Vergnügen den Handel eingehen. Seine eigne Arbeit ist ihm also ebenso fremd – und sie ist es *auch ihrer Direktion etc. nach* – wie das Material und Instrument. Daher ihm denn auch das Produkt als eine Kombination fremden Materials, fremden Instruments und fremder Arbeit – als *fremdes Eigentum* erscheint. [...] Die *Erkennung* der Produkte als seiner eigenen, und *die Beurteilung der Trennung von den Bedingungen seiner Verwirklichung als einer ungehörigen, zwangsweisen* – ist ein *enormes* Bewusstsein, selbst

---

[42] Ebd.: 514; Hervorh. Á.H.

[43] Marx spricht hier nicht vom Arbeiter, sondern vom subjektiven Arbeitsvermögen.

das *Produkt* der auf dem Kapital ruhenden Produktionsweise, und so sehr das knell to its doom, wie mit dem Bewusstsein des Sklaven, dass er nicht *das Eigentum eines Dritten sein kann,* seinem Bewusstsein als Person, die Sklaverei nur noch ein künstliches Dasein fortvegetiert und aufgehört hat, als Basis der Produktion fortdauern zu können.«[44]

In diesem Gedankengang erscheint *jeder* Aspekt der Marxschen Konzeption in reinster Eindeutigkeit.

1. Der Kapitalismus ist eine antinomische Gesellschaft, ihr Wesen ist die Entfremdung. Der Reichtum der Gattung und die Armut des Individuums setzen sich gegenseitig und reproduzieren einander. Dies ist die Antinomie der *Universellwerdung* der *Warenproduktion.*[45]

2. Die kapitalistische Gesellschaft als Totalität, als »Gesellschaftskörper« produziert nicht nur die Entfremdung, sondern auch das *Bewusstsein der Entfremdung,* mit anderen Worten die radikalen Bedürfnisse.

3. Dieses Bewusstsein (die radikalen Bedürfnisse) bringt der Kapitalismus *notwendigerweise* hervor.

4. Dieses Bewusstsein (der Komplex der radikalen Bedürfnisse) ist es, das den Kapitalismus schon in seinem Dasein transzendiert, dessen Entfaltung es *verunmöglicht,* dass der Kapitalismus weiterhin die Basis der Produktion bleibe. Das Bedürfnis der Auflösung der Antinomik, das auf die Auflösung ausgerichtete Handeln konstituiert sich daher im kollektiven Sollen, im »enormen Bewusstsein«.

Dieses gewisse »enorme Bewusstsein« ist eindeutig *derselbe* Begriff wie das »zugerechnete Bewusstsein«, eine zentrale Kategorie in *Geschichte und Klassenbewusstsein* von Georg Lukács. Obwohl Marx an dieser Stelle dies nicht erwähnt, steht es über jedem

---

[44] MEW 42: 374f.

[45] Zu Beginn der Passage heißt es: »Betrachten wir zunächst das gewordne Verhältnis, das Gewordensein des Werts zu Kapital und die lebendige Arbeit als ihm bloß gegenüberstehenden Gebrauchswert, sodass die lebendige Arbeit als bloßes Mittel erscheint, um die vergegenständlichte, tote Arbeit zu verwerten [...] und als Resultat einerseits den geschaffnen Reichtum als fremd, als eigen aber nur die Bedürftigkeit des lebendigen Arbeitsvermögens produziert zu haben.« (Ebd.: 373f.)

Zweifel, dass dieses »enorme Bewusstsein« nicht mit dem »empirischen Bewusstsein« der Arbeiterklasse identisch ist.[46] Das »enorme Bewusstsein« ist nicht das Bewusstsein des Elends, auch nicht das Bewusstsein der *sensu stricto* Armut; die daraus folgenden (bzw. dessen Basis bildenden) Bedürfnisse sind also nicht auf »mehr besitzen«, auch nicht auf höheren Lohn oder »besser leben« gerichtet. Es ist das Bewusstsein der Entfremdung schlechthin, die Erkenntnis, dass die gesellschaftlichen Verhältnisse entfremdet sind, weshalb das daraus folgende (bzw. dessen Basis bildende) Bedürfnis, *die Entfremdung aufzuheben,* die entfremdeten Produktions- und gesellschaftlichen Verhältnisse revolutionär umzuwälzen und ganz *allgemein* nichtentfremdete Produktions- und gesellschaftliche Verhältnisse zu schaffen.

Auf die Frage aber, ob die kapitalistische Gesellschaft dieses »enorme Bewusstsein« *tatsächlich* hervorbringt (das zu Marxens Zeiten *nicht vorhanden war,* dessen Dasein Marx zweifellos *»konstruieren«* musste), gab die Geschichte bis heute keine Antwort.

---

[46] Nichts beweist besser Lukács' »Flair« für die Ideen von Marx als die Tatsache, dass er die Grundrisse zur Abfassung von Geschichte und Klassenbewusstsein noch nicht kannte.

Fünftes Kapitel
Das »System der Bedürfnisse« und die Gesellschaft der »assoziierten Produzenten«

Marxens Analyse über die Gesellschaft der »assoziierten Produzenten« ist *philosophisch* in der Konzeption des *»Bedürfnissystems«* begründet. Die einzelnen konkreten Bedürfnisse können philosophisch nicht isoliert analysiert werden, da es weder isolierte Bedürfnisse noch isolierte *Bedürfnistypen* gibt. Jede Gesellschaft hat ihr eigenes Bedürfnissystem, das daher für die Beurteilung des Bedürfnissystems einer anderen Gesellschaft in keinerlei Hinsicht maßgebend sein kann. »Ist *das System der Bedürfnisse* in seiner Gesamtheit auf die Meinung oder auf die gesamte Organisation der Produktion begründet? In den meisten Fällen entspringen die Bedürfnisse aus der *Produktion* oder aus einem auf die Produktion begründeten *allgemeinen Zustand*.«[1]

Im Kapitel II war bereits davon die Rede, wie Marx das im Kapitalismus herausgebildete, dort dominierende Bedürfnissystem beschreibt, hier wollen wir daran nur kurz erinnern. Die Bedürfnisstruktur reduziert sich auf das Bedürfnis des Habens, dies ordnet das ganze Bedürfnissystem unter sich. All das erscheint bei den Mitgliedern der herrschenden Klasse als das Bedürfnis, die Bedürfnisse innerhalb derselben Bedürfnisqualität und die Gegenstände ihrer Befriedigung quantitativ zu steigern, während es sich bei der Arbeiterklasse als Reduzierung auf die bloßen Lebensbedürfnisse, die »natürlichen Bedürfnisse« und deren Befriedigung offenbart. Die qualitativen Bedürfnisse werden quantifiziert, aus Zweckbedürfnissen werden Mittelbedürfnisse und umgekehrt. Da sich die Bedürfnistypen heterogener Qualität nicht entfalten können, bleiben die Genüsse der Menschen »roh« und »brutal«, einige ihrer Bedürfnisse werden »fixiert«. In den zwischenmenschlichen Beziehungen herrschen die Interessenverhältnisse vor.

Produktion, Produktionsverhältnisse, Gesellschaftsverhältnisse und Bedürfnissysteme sind, wie wir wissen, verschiedene Momente

---

[1] MEW 4: 76; Hervorh. Á.H.

ein und desselben gesellschaftlichen Gebildes, die sich gegenseitig voraussetzen. Die Bedürfnisstruktur ist eine inhärente, organische Struktur des totalen gesellschaftlichen Gebildes. Die Bedürfnisstruktur der kapitalistischen Gesellschaft gehört also zur *kapitalistischen* Gesellschaft – allein und ausschließlich zu ihr. Deshalb kann sie nicht maßgeblich sein für die Beurteilung irgendeiner anderen Gesellschaft im Allgemeinen, am wenigsten aber hinsichtlich der Vorstellung einer Gesellschaft der »assoziierten Produzenten«, da diese das *Gegenteil* nicht nur der kapitalistischen, sondern *jeder* bisherigen zivilisierten Gesellschaft ist, die erste nichtentfremdete Gesellschaft, das »Reich der Freiheit«.

Wenn aber ein Bedürfnissystem zu einem speziellen gegebenen gesellschaftlichen Gebilde gehört, wie können dann solche subjektiven Kräfte zustande kommen, die diese gegebene Gesellschaft stürzen? Jede (zivilisierte) Gesellschaft ist eine *Klassengesellschaft,* beruhend auf der Teilung der Arbeit, in der also auch das System der Bedürfnisse »aufgeteilt« ist. Die ausgebeuteten Klassen beanspruchen meist nicht mehr als eine bessere Befriedigung der ihnen zugeteilten Bedürfnisse. Doch werden dieselben exploitierten Klassen (bei gewissen, verschiedenen, historischen Bedingungen) des Gegensatzes zwischen dem Bedürfnissystem ihrer herrschenden Klassen und ihrem eigenen bewusst. In diesem Fall wollen sie vor allem die Hindernisse im Wege der Befriedigung ihrer eigenen Bedürfnisse eliminieren, ihr eigenes Bedürfnissystem verallgemeinern bzw. gewisse Momente des Bedürfnissystems der herrschenden Klassen für sich realisierbar machen. Das führt entweder zur Stürzung der Gesellschaftsordnung oder zur allgemeinen Verwüstung der Produktivkräfte. Im ersten Fall (für den das klassische Beispiel des Zustandekommens des bürgerlichen Staates ist) organisiert sich eine *neue herrschende Klasse,* im zweiten *kann* die Gesellschaft nicht funktionieren.[2]

Die die jeweilige Gegenwart transzendierenden Bedürfnisse sind aber *keine radikalen Bedürfnisse*. Sie sind es nicht, *da das Bedürfnis nicht die Gesamtheit des Bedürfnissystems transzendiert, son-*

---

[2] Wie aus der zitierten Passage der Grundrisse hervorgeht, interpretierte Marx den Sturz des Römischen Reichs in diesem zweiten Sinn.

dern nur die »Aufteilung« des Bedürfnissystems. Das Bedürfnis des Sklaven, freier Mensch zu sein, ist kein neues, da doch die Gesellschaft, die ihn versklavt, eine Gesellschaft freier Menschen ist. Das Bedürfnis der Bourgeoisie, die politische Macht zu ergreifen, ist ebenfalls kein neues, lediglich der Anspruch, ein für andere bereits vorhandenes Bedürfnis für sich selber zu befriedigen, und eine Bedingung, die Hindernisse aus dem Weg der Befriedigung dieses Bedürfnisses zu räumen. Die vom Kapitalismus geschaffenen radikalen Bedürfnisse der Arbeiterklasse sind jedoch *per definitionem* anders. Sie sind solcher Natur, dass sie in der gegebenen Gesellschaft nie zuvor befriedigt wurden, und die die Bourgeoisie ebenso wenig zu befriedigen vermochte wie das Proletariat.[3]

Deshalb *führen ausschließlich* die radikalen Bedürfnisse zur vollständigen Umstrukturierung des Bedürfnissystems, und auch für Marx steht es über jedem Zweifel, dass sie dahinführen. Das Bedürfnissystem des Kapitalismus gehört dem Kapitalismus an; jedoch ist es allein diese »reine« Gesellschaft, die die Produktivkräfte genügend entwickelt, um die Arbeitseinteilung aufzuheben, die Bedürfnisse schaffen kann und auch schafft, die wohl zu ihrem *Sein,* nicht aber zu ihrem *Bedürfnissystem* gehören. Deshalb sind die radikalen Bedürfnisse – und einzig diese – dazu geeignet, dass die Menschen im Interesse ihrer Befriedigung ein solches, von den vorangegangenen radikal verschiedenen gesellschaftlichen Gebilde zustande bringen, dessen – *radikal* neues – Bedürfnissystem sich von allen früheren unterscheiden wird.

Daher ist es absurd, das Bedürfnissystem, das Marx für die Gesellschaft der »assoziierten Produzenten« *voraussetzt* aufgrund der *heute existierenden* Bedürfnisstruktur zu beurteilen. Ohne die Konzeption der Umstrukturierung ist der grundlegende Gedanke, dass die Arbeit, ja sogar die Mehrarbeit zum Lebensbedürfnis wird, einfach unverständlich. Für Marx ist die *vollständige* Umstrukturierung des Bedürfnissystems im Kommunismus die *condito sine qua non* aller Behauptungen und Vorstellungen in Bezug auf die Zukunftsgesellschaft. Man erinnere sich daran, dass er bereits in

[3] Bekanntlich ist das Sein der Bourgeoise ebenso entfremdet wie das des Proletariats.

den *Ökonomisch-philosophischen Manuskripten* schreibt, sogar die »Sinne« des »vergesellschafteten Menschen« werden andere sein als die das Gegenwartsmenschen. Oder etwa in den *Grundrissen* schreibt er bezüglich der Entfaltung des Reichtums des menschlichen Lebens in der Freizeit: »Die freie Zeit – die sowohl Mußezeit als Zeit für höhre Tätigkeit ist – hat ihren Besitzer *natürlich* in ein andres Subjekt verwandelt.«[4]

Die radikale Umstrukturierung der Bedürfnisse, Fähigkeiten und Sinne erscheint Marx also »natürlich«. Da aber auch die »Gesellschaft der assoziierten Produzenten« eine Totalität, ein »gesellschaftliches Gebilde« darstellt, wie jede andere Gesellschaft auch, setzen sich ihr *Funktionsmechanismus* und die radikal neue Struktur der Bedürfnisse *gegenseitig*. Das neue Bedürfnissystem wird also nur in Korrelation mit dem Funktionieren des neuen »Gesellschaftskörpers« verständlich, wie auch das Funktionieren der Gesamtheit des neuen gesellschaftlichen »Gebildes« nur mit dem neuen Bedürfnissystem korreliert verständlich wird.

Die »Gesellschaft der assoziierten Produzenten« ist also die Gesellschaft, in der die radikalen Bedürfnisse befriedigt werden und um sich herum eine neue Bedürfnisstruktur aufbauen, eine Gesellschaft also, in der sich auch *die radikale Philosophie und die radikale Theorie verwirklichen* und sich aufheben.[5]

Das Bedürfnissystem des Kommunismus muss von zwei – verschiedenen – Aspekten her betrachtet werden: Vom Aspekt der *materiellen* und der *nichtmateriellen* Bedürfnisse aus, und hinsichtlich des *Verhältnisses* dieser beiden Bedürfnistypen innerhalb *ein und derselben* Bedürfnisstruktur. Unter materiellen Bedürfnissen verstehe ich all jene Bedürfnisse, zu deren Befriedigung die Gegenstände bzw. Mittel *produziert* bzw. *ständig reproduziert* werden

---

[4] MEW 42: 604; Hervorh. Á.H. Der Anspruch, dieses Problem tiefer zu erörtern, kommt bei Marx anhand der »natürlichen« und der »Luxusbedürfnisse« bzw. anhand der Aufhebung ihres Gegensatzes auf. »Diese Fragen über das System der Bedürfnisse [...], an welcher Stelle ist es zu behandeln?« (Ebd.: 434)

[5] Gemeint ist selbstverständlich nicht die Aufhebung der Philosophie schlechthin, sondern der radikalen Philosophie, die die Massen ergreifen muss, um materielle Gewalt zu werden. Dies wird übrigens aus dem Folgenden noch hervorgehen.

müssen (sie werden in der Konsumtion und in der produktiven Konsumtion verbraucht). Nichtmaterieller Natur sind jene Bedürfnisse, für deren Befriedigung die Objekte nicht im Stoffwechsel mit der Natur »produziert« bzw. überhaupt nicht produziert werden.[6] Die Unterscheidung dieser beiden Aspekte ist keineswegs willkürlich, sondern beruht auf einer wesentlichen Differenzierung von Marx. Die Sphäre der Produktion ist nämlich laut Marx jener Bereich, der stets »das Reich der Notwendigkeit« bleiben wird; auf dieses aufgebaut erscheint jedoch das »Reich der Freiheit«, das die Produktion seinen eigenen Zielen unterordnet. Jene Bedürfnisse, deren Befriedigung nur mit Hilfe von Institutionen möglich ist (wir erinnern uns noch an die gemeinschaftliche bzw. gesellschaftliche Befriedigung von Bedürfnissen) sind nur zum Teil materieller Natur, indem sie materielle Mittel in Anspruch nehmen; andererseits sind sie es aber nicht, da sie durch menschliche Tätigkeit befriedigt werden (Marx führt die Beispiele der Schulen und Krankenhäuser an). Auch die Bedürfnisse für kommunale Einrichtungen sind nur zum Teil materieller Natur (Wohnungsbau), teilweise aber nicht (Dienstleistungen nichtmaterieller Natur). Dies ist – zumindest in der »zweiten Phase« des Kommunismus – für Marx selbstverständlich, da der vom Kapitalismus konstituierte Gegensatz zwischen produktiver und inproduktiver Arbeit aufhört zu sein, da es weder Tausch noch Tauschwert geben, die Arbeitskraft nicht als Ware auftreten wird usw. Die Kategorie der »gesellschaftlich notwendigen Arbeitszeit« wird nur hinsichtlich des materiellen Produktionsprozesses interpretierbar.[7] Für die »erste Phase des Kommunismus« trifft all dies gewiss nicht zu, da dort die Aufteilung in der Regel *aufgrund der Arbeit* erfolgt, weshalb die »gesellschaftlich notwendige Arbeitszeit« offensichtlich in jeder Arbeitstätigkeit gemessen werden muss.

---

[6] Ich weiß es genau, dass diese beiden Gruppen nicht »rein« sind. Zur Befriedigung des Bedürfnisses für Kunst etwa ist auch Produktion notwendig. Die Häuser müssen aufgebaut, die Bücher gedruckt werden. Doch wird das Kunstbedürfnis als solches nicht vom Haus oder vom Buch befriedigt, sondern vom Kunstwerk, welches als Objektivation nicht der Sphäre der Produktion angehört.

[7] Der Begriff der »gesellschaftlich notwendigen Arbeitszeit« lässt sich für keinerlei »freie« Betätigung, weder für Heilung, Unterricht, Planung noch wissenschaftliche oder künstlerische Tätigkeit anwenden.

Marx legte seine diesbezüglichen Vorstellungen nicht detailliert dar, beschränkte sich lediglich auf die Bemerkung, dass das gleiche Recht der Ungleichen – das bürgerliche Rechtssystem der bürgerlichen Gesellschaft – in dieser Phase noch gelten wird. Wir selbst können uns diesen Mechanismus nicht ohne Waren- und Geldverhältnisse vorstellen. Der bekannte Paragraph 10 des *Manifests der Kommunistischen Partei* (notwendige Maßregeln zur Grundlegung der ersten Phase des Kommunismus) erwähnt mit keiner Silbe die Aufhebung der Warenproduktion. Diesbezüglich heißt es im *Manifest:* »Maßregeln [...], die ökonomisch unzureichend und unhaltbar erscheinen, die aber im Lauf der Bewegung über sich selbst hinaustreiben und als Mittel zur Umwälzung der ganzen Produktionsweise unvermeidlich sind.«[8] Da dieser Übergang in Augen Marxens und Engels´ unvermeidlich erscheint, schenken sie den *tatsächlichen* Problemen keine Beachtung. Ebenso wird es nicht klar, ob die Verwirklichung der ersten Phase des Kommunismus gleichzeitig auch die Aufhebung der Warenproduktion bedeutet, oder ob dies erst für die zweite Phase kennzeichnend sein wird; ebenso wenig gehen Marx und Engels auf das Wie des Übergangs ein; sie beschränken sich vielmehr auf die Konfrontierung von »Idealtypen«. Da wir jetzt Marxens Bedürfnistheorie analysieren, können auch wir nur mit diesen »Idealtypen« operieren. Wir sind daher gezwungen, die für unser Heute zentrale Frage, die des Überganges (der freilich Jahrhunderte in Anspruch nehmen kann) auszuklammern, von der Analyse des Modells – näher der möglichen Modelle – des Übergangs abzusehen. (Dieser Übergang kann natürlich auch Jahrhunderte in Anspruch nehmen.) Und noch eine Einschränkung ist vonnöten: Da wir in der vorliegenden Arbeit die Bedürfnistheorie von Marx untersuchen, werden wir auch anhand des Modells der »assoziierten Produzenten« nur dessen die Bedürfnisse betreffenden Aspekte behandeln und alle anderen, so wichtig sie auch von anderen Gesichtspunkten seien, übergehen.

Um die Zusammenhänge der Bedürfnisse für materielle Produktion und deren Produkte analysieren zu können, müssen wir auch betrachten, *was* die Rolle der materiellen Produktion in Mar-

---

[8] MEW 4: 481.

xens Vorstellungen über die »Gesellschaft der assoziierten Produzenten« ist. Dies müssen wir von den folgenden Aspekten aus tun:

a.) Entwickelt sich die Produktion?

b.) Wieweit repräsentiert die Entwicklung der Produktion das Wachstum des »gesellschaftlichen Reichtums«?

c.) Gibt es eine Arbeitsteilung?'

d.) Existieren notwendige und Mehrarbeit oder nicht?

e.) Was sind die Proportionen der Produktion der unmittelbaren Konsumgüter und Produktionsmittel auf der einen, der Produktion der zur »gesellschaftlichen Befriedigung von Bedürfnissen« unerlässlichen Güter auf der anderen Seite.

ad a.) Hinsichtlich der ersten Frage ist die Antwort von Marx eindeutig bejahend. Die Gesellschaft der Zukunft ist nicht zuletzt eine Gesellschaft des materiellen Reichtums, der ständig wächst. Diesen Gedanken trifft man in praktisch *sämtlichen* Werken von Marx an, sodass wir nur ein einziges Beispiel als Beweis anführen. Im dritten Band der *Theorien über den Mehrwert*[9] schreibt er über die beiden Alternativen des Anstiegs der »disposable time«. Die eine Alternative wäre, während der *Hälfte* der aktuellen Arbeitszeit *größeren* Reichtum zu produzieren als bei der heute aktuellen durchschnittlichen Arbeitszeit. Die andere wäre die Arbeitszeit solchermaßen auf die Hälfte zu vermindern, dass diese auf die Befriedigung der *aktuellen* »notwendigen Bedürfnisse« ausgerichtet sei. Marx betrachtet das Verwechseln der beiden Alternativen für einen theoretischen Fehler und eine Unklarheit – er selbst bekannte sich eindeutig zur ersten.

Die Basis der Entwicklung der Produktion wird in Zukunft eindeutig die unglaubliche Steigerung der Proportion des *fixen Kapitals* sein, was, da der Produktionsanstieg von der Verwertung unabhängig sein wird, durchaus möglich ist. Der Anstieg des Anteils des fixen Kapitals in einem Ausmaß, das im Kapitalismus unmöglich ist, ist die Garantie dessen, dass die materielle Produktion immer weniger *lebendige Arbeit* erheischt. Erst dadurch wird die ununterbrochene Verminderung der Arbeitszeit bei ständiger Produktionssteigerung möglich. Freilich bedeutet das keine Dominanz der

---

[9] MEW 26.3: 252.

toten Arbeit über der lebendigen Arbeit (da es ja kein Kapitalverhältnis gibt); im Gegenteil, die lebendige Arbeit wird gegenüber der toten die Dominanz haben.

Der unendliche Progress der materiellen Produktion kennzeichnet die Vorstellungen von Marx ganz eindeutig; seine Gedanken über das *Tempo* des Produktionsanstiegs sind jedoch mehr als einmal widersprüchlich. Zum einen nimmt er an, dass der Kapitalismus bei einem bestimmten Punkt angelangt zum Hemmschuh der Entfaltung der Produktivkräfte (insonderheit der Steigerung des fixen Kapitals) sein wird, weshalb das Tempo der materiellen Produktion in der Gesellschaft der »assoziierten Produzenten« – zumindest im Vergleich zur Lage im ausgehenden Kapitalismus – schneller sein müsste. Zum anderen ist aber die Beschleunigung des Tempos der materiellen Produktion (wovon später noch die Rede sein wird) von den Bedürfnissen der »assoziierten Produzenten« bestimmt. Diese Bedürfnisse werden aber – parallel zum wachsenden Reichtum – *immer weniger auf materielle Konsumgüter gerichtet sein.* Hierbei ist die Setzung einer neuen Bedürfnisstruktur bereits von ausschlaggebender Bedeutung. Marx operiert nämlich in der neuen Bedürfnisstruktur mit einer Art »Saturiertheitsmodell«. Die materiellen Konsumgüter (der unmittelbaren Konsumtion dienenden) würden innerhalb der Bedürfnisstruktur der Individuen eine immer geringere Rolle spielen, jedenfalls würde sich ihr *Anteil* vermindern. *Andere Bedürfnisse* würden diese Bedürfnisse beschränken und nicht *die Produktion selbst,* da ja die Produktion die Bedürfnisse nicht überholt, sondern sich nach ihnen richtet. Dass das Zustandekommen neuer materieller Bedürfnisse (das »Produzieren« neuer Bedürfnistypen) aus der *Produktion selbst* ausginge, ist aufgrund des obigen Modells in der Tat undenkbar. All das würde – spätestens nach Erreichen eines bestimmten Grades des Reichtums – zu einer *Verminderung* des Tempos des Produktionsanstiegs führen.

Diese »Strukturveränderung« meint Marx bereits auch in den »radikalen Bedürfnissen« des zeitgenössischen Proletariats zu erkennen, wie auch aus den Bemerkungen zu den Thesen des proletarischen Ideologen Galiani hervorgeht. Wir wissen ja: Galianis Hauptthese bestand darin: »Der wahre Reichtum [...] ist der Mensch.« Darüber sagt Marx zustimmend Folgendes: »Die ganze objektive Welt, die ›Güterwelt‹, versinkt hier als bloßes Moment [...] der gesellschaftlich produzierenden Menschen.«[10]

ad b.) Damit sind wir aber beim zweiten Problem angelangt, nämlich, wieweit die Entwicklung der Produktion das Wachstum des »gesellschaftlichen Reichtums« repräsentiert.

Die Frage zerfällt auf zwei durchaus unterschiedliche Probleme (obwohl diese in den Ausführungen meist gemeinsam erscheinen). 1.) Wieweit darf *die Arbeit* als Quelle des materiellen Reichtums betrachtet werden; und 2.) wieweit darf die *Produktion* – und der innerhalb dieser zustande gekommene materielle Reichtum – als einzige Quelle des allgemeinen Reichtums betrachtet werden?

1.) Auf die erste Frage hat Marx *verschiedene* Antworten bereit, diese werden wir später betrachten. Vorderhand sei nur festgestellt, dass die beiden oben erwähnten Fragen für *Marx prinzipiell* durchaus absonderbar sind. Vor allem deshalb, weil die Quelle der *Gebrauchswerte* (der Reichtum an Gebrauchswerten ist ja der *eigentliche* materielle Reichtum) Arbeit *plus* Natur sind und nicht allein die Arbeit.[11] Es ist die Auffassung der *bürgerlichen Gesellschaft,* dass die Quelle des materiellen Reichtums die Arbeit allein ist, jener Gesellschaft, in der der in Warenproduktion verkörperte Widerspruch zwischen Gebrauchswert und Tauschwert vorherrscht.[12] Noch wichtiger ist aber, dass Marx eine Arbeits-Konzeption hat, derzufolge die in der Produktion verrichtete Arbeit in der »Gesellschaft der assoziierten Produzenten« auf ein Minimum sinkt und sogar aufhört zu sein. Dadurch wird es aber absurd, die Quelle des (materiellen) Reichtums in der Arbeit zu erkennen und dem (materiellen) Reichtum den *Maßstab der Arbeitszeit* anzulegen. Die Tatsache, dass Marx bei der Ausgestaltung dieses Standpunktes den Gedankengang des Verfassers der Broschüre *Source and Remedy* – wohl nicht ohne Vorbehalt – akzeptiert, ändert nichts daran, dass dieser Standpunkt *sein eigener* ist.

---

10 Ebd.: 263.

11 Eine radikale Analyse hierüber siehe u.a. in der Kritik des Gothaer Programms.

12 In den Theorien über den Mehrwert beschuldigt Marx einige Kritiker Ricardos geradezu, innerhalb des Kategoriensystems der bürgerlichen Gesellschaft zu verharren, indem sie die Arbeit als einzigen Quell des Reichtums betrachten, selbst wenn sie daraus Entgegengesetztes folgern wie Ricardo.

Wir wollen betonen, dass das nur *eine* der Konzeptionen von Marx ist, was nur so viel beweist (das aber *beweist),* dass in seinen Augen die Statements »Die Arbeit ist die Quelle des materiellen Reichtums« bzw. »Die Produktion ist die Quelle des materiellen Reichtums« verschieden und voneinander absonderbar sind.

Wir wollen diesbezüglich auch die *Grundrisse* zitieren: »Die Arbeit erscheint nicht mehr so sehr als in den Produktionsprozess eingeschlossen, als sich der Mensch vielmehr als Wächter und Regulator zum Produktionsprozess selbst verhält. [...] Es ist nicht mehr der Arbeiter, der modifizierten Naturgegenstand als Mittelglied zwischen das Objekt und sich einschiebt; sondern den Naturprozess, den er in einen industriellen verwandelt, schiebt er als Mittel zwischen sich und die unorganische Natur, deren er sich bemeistert. Er tritt neben den Produktionsprozess, statt sein Hauptagent zu sein. In dieser Umwandlung ist *es* weder die unmittelbare Arbeit, die der Mensch selbst verrichtet, noch die Zeit, die er arbeitet, sondern die Aneignung seiner eignen allgemeinen Produktivkraft, sein Verständnis der Natur und die Beherrschung derselben durch sein Dasein als Gesellschaftskörper – in einem Wort die Entwicklung des gesellschaftlichen Individuums, die als der große Grundpfeiler der Produktion und des Reichtums erscheint. [...] Sobald die Arbeit in unmittelbarer Form aufgehört hat, die große Quelle des Reichtums zu sein, hört und muss aufhören, die Arbeitszeit sein Maß zu sein und daher der Tauschwert [...] des Gebrauchswerts.«[13] Diesmal wollen wir davon absehen, dass Marx an dieser Stelle den Wert und den Tauschwert gleichsetzt, welche er im *Kapital* scharf voneinander absondert, vor allem deshalb, weil er dort mit einer anderen Arbeitskonzeption arbeitet (zu der das Messen mit Arbeitszeit notwendig hinzugehört). Die Passage wollen wir im Folgenden nur von unserem Blickwinkel aus untersuchen. In dieser Passage erscheint die »Gesellschaft der assoziierten Produzenten« als eine Gesellschaft, in der die Arbeit von Maschinen verrichtet wird, in der daher ganz das »fixe Kapital« vorherrscht und die Arbeitskraft – wenigstens innerhalb des Prozesses der materiellen Produktion – nur als »Wächter und Regulator« gebraucht wird. Mit einem modernen Ausdruck:

---

[13] MEW 42: 601.

Marx setzt die Vollautomatisierung. Hierbei wächst die Bedeutung eines bestimmten Arbeitstypus außerordentlich stark an: die der wissenschaftlichen Arbeit, die Marx »allgemeine Arbeit« nennt. Die wissenschaftliche Arbeit ist aber nicht unmittelbar produzierende Arbeit, sondern die Tätigkeit des »general intellect«, vor allem das Planen, Projektieren, Konstruieren usw. Dies lässt sich aber nicht in Arbeitszeit messen, da der Begriff der »gesellschaftlich notwendigen Arbeitszeit« nicht anwendbar ist. Mit einem Wort, der materielle Reichtum wird auch weiterhin von der Produktion bereitgestellt, jedoch nicht mehr von der produktiven Arbeit im herkömmlichen Sinn des Wortes. Das bedeutet die Hegemonie der geistigen Arbeit über der sogenannt »physischen« Arbeit.

2.) Es ist eine andere Frage, ob die *Produktion* schlechthin die Quelle des Reichtums der Gesellschaft ist. Diese Frage beantwortet Marx *überall* und eindeutig mit Nein. Der materielle Reichtum – der durch die Produktion zustande kommt – ist nichts anderes, kann auch nichts anderes sein als die *Bedingung* des allgemeinen Reichtums der Gesellschaft. Der *wahre* Reichtum der Gesellschaft realisiert sich durch die freie Selbstbetätigung der gesellschaftlichen Individuen, durch ihre qualitativ vielseitige Tätigkeit und ihr qualitativ vielseitiges Bedürfnissystem. Der *wahre* Reichtum des Menschen und der Gesellschaft konstituiert sich nicht in Arbeitszeit, sondern in *Freizeit.* Eben deshalb ist der Reichtum der Gesellschaft der »assoziierten Produzenten« auch nicht in Arbeitszeit, sondern in *Freizeit* messbar. Anstatt der bekannten diesbezüglichen Ausführungen der *Grundrisse* sei es mir erlaubt, mich auf den dritten Band der *Theorien über den Mehrwert* zu berufen: »*Time of labour,* auch wenn der Tauschwert aufgehoben, bleibt immer die schaffende Substanz des Reichtums und das Maß der *Kost,* die seine Produktion erheischt. Aber free time, *disposable time, ist der Reichtum selbst* – teils *zum Genuss der Produkte,* teils *zur free activity,* die nicht wie die labour durch den Zwang eines äußren Zwecks bestimmt ist, der erfüllt werden muss, dessen Erfüllung Naturnotwendigkeit oder soziale Pflicht, wie man will.«[14]

---

[14] MEW 26.3: 253; die beiden letzten Hervorhebungen von Á.H. Dieser Passus setzt bereits die Trennung von Tauschwert und Wert voraus.

Beide Lösungen, so verschieden sie auch seien, setzen eine derartige Veränderung der *Bedürfnisstruktur* voraus, dass die Individuen größeres Bedürfnis empfinden für *mehr Freizeit* (und innerhalb dieser für »freie Betätigung«) als für noch weiter gesteigerte Produktion materieller Güter, für noch größeren materiellen Reichtum.[15] In beiden Konzeptionen ist also zutiefst die Überzeugung vorhanden, dass den Bedürfnissen in der »Gesellschaft der assoziierten Produzenten« andere (qualitativ verschiedene) Bedürfnisse Grenzen stellen.[16]

ad c.) Das Verhältnis von materieller Produktion und Bedürfnisstruktur in der Gesellschaft der »assoziierten Produzenten« ist ferner auch Funktion des *Vorhandenseins bzw. Nichtvorhandenseins der Arbeitsteilung* bzw. sofern es eine solche gibt, so der *Natur der Arbeitsteilung.*

1.) Zweifellos wird die *gesellschaftliche Arbeitsteilung* aufhören: die Aufteilung der Gesellschaft zu Exploiteure und Exploitierte, mit einem Wort die Klassenstruktur. Infolgedessen hört auch die »Aufteilung« des Bedürfnissystems je nachdem in der gesellschaftlichen Arbeitsteilung eingenommenen Platz auf. Das Individuum ist nicht weiter der gesellschaftlichen Arbeitsteilung untergeordnet. Wenn es also in dieser Gesellschaft auch eine Arbeitsteilung in einem anderen Sinn des Wortes geben wird, wird das Individuum dennoch frei jenen Platz auswählen können, den es in der Arbeitsteilung einnimmt und diesen Platz auch *stets neu wählen* können. Das ist im Prinzip auch im Kapitalismus so, de facto aber ist es nie so gewesen: Die gesellschaftliche Arbeitsteilung ordnete den Menschen unter sich, und er konnte in der Praxis keine andere Arbeit wählen als die, die er *zu verrichten hatte.* Das ständige »Wechseln« der Arbeit ist im Kapitalismus nicht Folge der freien Wahl oder der »Entwicklungsbedürfnisse« des Arbeiters, es ist aber den Verwertungsbedürfnissen des Kapitals untergeordnet. Angenommen, dass es in der Gesellschaft der »assoziierten Produzenten« doch einerlei

---

[15] Schließlich gibt es ja keinen noch so hohen Grad der Produktivität, dass man – zulasten der Freizeit – nicht noch mehr produzieren könnte.

[16] Auf die Rolle der »allgemeinen Arbeit« in diesen Modellen sowie auf das Problem des Freizeit-Bedürfnisses werde ich noch zu sprechen kommen.

Arbeitsteilung geben sollte, wird der Eintritt in diese, das Wechseln der Arbeiten von nichts anderem abhängig sein, nur von den »Entwicklungsbedürfnissen« des Arbeiters.

2.) Eindeutig aufgehoben sein wird die *Teilung von geistiger und körperlicher Arbeit.* Wir werden noch nachweisen können, dass Marx recht verschiedene Gedanken hatte darüber, wie dies erfolgen würde. Einen haben wir bereits angedeutet: Produktion und Arbeit lösen sich voneinander los, der Mensch »tritt neben den Produktionsprozess«, jede Arbeitsbetätigung (auch die gesellschaftlich notwendige) wird zu einer Art geistiger Arbeit. Die andere Vorstellung Marxens ist wesentlich verschieden. Demzufolge, wie wir noch sehen werden, wird jede Art produktiver Arbeit zu einfacher Arbeit reduziert. Doch soll sich die Arbeitszeit auch in diesem Fall derart vermindern, dass der überwiegende Teil des menschlichen Lebens von geistiger Betätigung aufgefüllt sei. Doch ist diese geistige Betätigung zumindest teilweise *ebenfalls Arbeit* (sie beansprucht Anstrengung, Gehirn, Nerven, Kraft, Muskeln – besonders die ersten beiden werden in Anspruch genommen). In beiden Arbeitstypen verschwindet der die Klassengesellschaft charakterisierende und im Kapitalismus den Gipfelpunkt erreichende Gegensatz zwischen »work« und »labour«.[17]

Während aber innerhalb der in »gesellschaftlich notwendiger Arbeitszeit« verrichteten Arbeit »work« die »labour« lenkt,[18] wird dieser Unterschied in der Arbeit der »freien Betätigung« endgültig verschwunden: »work« wird zu »reiner« labour.

Wenn es aber physische Arbeit und wenn es »labour« geben wird (die beiden sind, wie gesagt, in keiner der Konzeptionen gleichbedeutend) – »labour« ist ja laut beiden Konzeptionen ständig vorhanden –, dann wird sie *von allen Menschen* verrichtet werden wie auch jeder Mensch Zeit – und zwar *gleich* viel Zeit – für »freie Betä-

---

[17] Über den Unterschied bzw. den Gegensatz zwischen »work« und »labour« siehe das Kapital über die Arbeit in meinem Buch »Das Alltagsleben. Versuch einer Erklärung der individuellen Reproduktion«, Frankfurt a.M. 1981.

[18] Erinnern wir uns an den letzten Satz der zitierten Passage aus den Theorien über den Mehrwert: »Labour« wird immer und stets äußeren Zielen unterworfen sein, doch werden sie die Menschen – im Gegensatz zur Zeit des Kapitalismus – als »gesellschaftliche Pflicht« verrichten.

tigung« haben wird. Gemäß der einen Konzeption wird also bereits die Natur der »labour« den Unterschied zwischen physischer und geistiger Arbeit verschwinden lassen; gemäß der anderen wäre dies nicht so. Die einzelnen *Individuen* betreffend ist aber Marxens Gedankengang eindeutig und ohne Widerspruch: *Jeder Mensch wird sich am Stoffwechsel zwischen Natur und Gesellschaft beteiligen*[19] *und außerdem hochentwickelte, rein geistige Arbeit verrichten.* Das und nur das allein ist der Kern der grotesk zugespitzten Formulierung des jungen Marx, wonach der Mensch im Kommunismus Fischer, Jäger, Hirte und kritischer Kritiker sein, dass es keine Maler geben wird, sondern lediglich Menschen, die unter anderem malen. Spezialisierte »rein geistige« Arbeiter und spezialisierte »rein physische Arbeiter« gibt es also in diesem Sinn in Marxens Zukunftsvorstellungen tatsächlich nicht. Das an sich bedeutet aber nicht, dass es in der produktiven Arbeit bzw. in der »Kontrolle« der Produktion keine spezialisierte geistige Tätigkeit gäbe; das bedeutet »nur« so viel, dass die in der Produktion verrichtete spezialisierte Tätigkeit die geistige Betätigung des Menschen, während seiner »Freizeit« nicht »anleitet«, die in ihr gewählten Formen der Selbstverwirklichung nicht determiniert. Auch ist dies keine prinzipielle Verneinung dessen, dass jemand in seiner Freizeit eine besondere Betätigungsform präferieren mag, es heißt nur, dass er auch dann an der »labour«, an der Verrichtung der gesellschaftlich notwendigen Arbeitsverrichtung oder Produktionskontrolle und -regulierung teilnehmen muss. Was aber hier wirkliche theoretische Probleme aufwirft, ist der Umstand, dass Marx sich nicht mit der Frage beschäftigt, ob man zwecks Verrichtung von Freizeitbetätigungen zu *produzieren* haben wird. Die später noch zu untersuchende Konzeption der »Bedürfnisvermessung« lässt die Folgerung zu, dass einzig die materielle Konsumtion (die unmittelbare und produktive Konsumtion) materieller Produktion bedarf, nicht aber die »freie Betätigung«. Deshalb ist es in der Marxschen Konzeption so leicht, die materiellen Bedürfnisse zu vermessen, deshalb kann ihr »Durchschnitt« so leicht berechnet werden.

---

[19] Mit anderen Worten: Man wird, sofern es solche gibt, physische Arbeit verrichten, wenn es sie nicht gibt, das Funktionieren des fixen Kapitals »regulieren«.

3.) Die bisher untersuchten Gedanken über die Aufhebung der *verschiedenen Formen* der Arbeitsteilung sagen an sich nichts über die Aufhebung *jeglicher* Arbeitsteilung aus. Marx behauptet nämlich ganz eindeutig, dass es in der »Gesellschaft der assoziierten Produzenten« eine *technische Arbeitsteilung* – allerdings nur eine solche – geben wird. Im *Kapital* formuliert er das dermaßen, dass die gesellschaftliche Gesamtproduktion wie eine einzige Fabrik funktionieren wird; die Teilung der gesellschaftlichen Arbeit entspräche daher der technischen Arbeitsteilung innerhalb einer Fabrik. Im dritten Band der *Theorien über den Mehrwert* wirft er auch ganz konkret die Frage auf, ob wohl die Konzentration des Kapitals, das ständige Wachstum des fixen Kapitals, denen zufolge die technische Arbeitsteilung notwendig ist, gleichzeitig auch die Notwendigkeit der kapitalistischen Produktionsverhältnisse, der gesellschaftlichen Arbeitsteilung herbeiführen. Marx polemisiert diesbezüglich mit den Theoretikern, die die infolge der Zentralisierung zustande gekommene Spezialisierung mit den kapitalistischen Produktionsverhältnissen korrelieren. »Als wäre *Teilung der Arbeit* nicht *eben sowohl* möglich [...], wenn *ihre Bedingungen den assoziierten Arbeitern gehörten* und sie sich zu ihnen verhielten als das, was sie [in] natura sind, ihren eignen Produkten und den gegenständlichen Elementen ihrer eignen Tätigkeit.«[20] Und was die bürgerlichen Ökonomen mit dieser Identifizierung erreichen wollen: »Um die *spezifisch gesellschaftliche Form,* i. e. die *kapitalistische Form,* worin das Verhältnis von Arbeit und Arbeitsbedingungen sich verkehrt, sodass nicht der Arbeiter die Bedingungen, sondern die Bedingungen den Arbeiter anwenden, auch *technologisch* [...] rechtfertigen.«[21]

Was das Vorhandensein der technischen Arbeitsteilung für die Arbeit des Menschen bedeutet, wie sie die Universalität des Menschen gewährleisten kann, ob eine Spezialisierung hinsichtlich des Individuums in ihr möglich ist, diesbezüglich hat Marx nur eine, und zwar kohärente, Theorie, dargelegt im *Kapital*; widersprechende Lösungen kommen nur in aphoristischer Form auf; in der grotesken Formulierung etwa, laut welcher der Mensch gleichzeitig Fi-

---

[20] Ebd.: 269; Hervorh. Á.H.

[21] Ebd.: 271.

scher, Jäger, Hirte und kritischer Kritiker sein kann, schwebte vor Marxens Auge eine Universalität von Goetheschem Schlag, ohne dass er damit gemeint hätte, der Mensch könnte sich an allem dilettieren; er meinte vielmehr, dass der Mensch in vielerlei, qualitativ grundverschiedenen Betätigungstypen *hervorragen* könnte. Im *Kapital* hingegen heißt es, dass jede Arbeit zu einfacher Arbeit reduziert, und somit jede Arbeit leicht erlernbar und ausführbar werden wird. Die Perspektive der Universalität bedeutet hier, zumindest was den Arbeitsprozess anbelangt, *nicht* so viel, dass der Mensch in vielerlei Fächer hervorragendes leisten kann, sondern dass er seine Arbeit wann immer »wechseln« kann, ohne besondere spezifische Qualifizierung. Laut der Konzeption der *Grundrisse* ist die Betätigung des »neben den Produktionsprozess« tretenden Menschen höchstwahrscheinlich kompliziert und erfordert Qualifizierung. Marx geht aber nicht tiefer in diese Konzeption ein; was für uns wichtig ist: Er wendet sie auch nicht für die Analyse des Verhältnisses von produktiver Arbeit und materiellen Bedürfnissen an. Dennoch ist es klar, dass die Struktur der Bedürfnisse in dem in den Grundrissen entworfenen Modell nicht dieselbe sein kann wie im Modell des *Kapital.* Da wir in dieser Arbeit die *expliziten* Vorstellungen von Marx untersuchen, müssen wir uns hinsichtlich dieses Problems an die Ausführungen im *Kapital* halten.

ad d.) Die Gültigkeit der Kategorien »notwendige Arbeit« und »Mehrarbeit« in der »Gesellschaft der assoziierten Produzenten« ferner die Interpretierung der Kategorie »gesellschaftlich notwendige Arbeit« hängen maßgeblich davon ab, ob Marx *den Wert und den Tauschwert identifiziert* oder aber diese zwei Kategorien differenziert. Die Haupttendenz berücksichtigend kann festgestellt werden, dass Marx bis (einschließlich) *Zur Kritik der politischen Ökonomie* Tauschwert und Wert für *gleichbedeutend* betrachtete, später jedoch mit zwei Wertbegriffen arbeitet. Der eine behält die frühere Vorstellung, nämlich, dass sich der Wert ausschließlich im Tauschverhältnis realisiert.[22] Der anderen Wert-Interpretierung zufolge ist der Wert hingegen eine allgemeine gesellschaftliche Kategorie (zumindest in einer rationellen Ökonomie), das Wertgesetz

---

[22] Vgl. z.B. MEW 23: 75.

ein allgemeines ökonomisches Gesetz, das, wie gesehen, oben in der »Gesellschaft der assoziierten Produzenten« klar zur Geltung kommen wird.[23] Wichtig für uns ist in diesem Zusammenhang auch jene, aus dem Jahr 1875 stammende Stelle der *Kritik des Gothaer Programms,* in der Marx darüber spricht, wann und wie die Aufteilung gemäß den Bedürfnissen realisiert werden kann. Hier behauptet er *expressis verbis,* dass der Wert nur in der ersten Phase des Kommunismus existiert, weshalb dort die Güter auch noch nicht je nach den Bedürfnissen aufgeteilt werden können. Wo es Wert gibt, erfolgt die Aufteilung je nach der Arbeit. Für die erste Phase des Kommunismus ist noch die Gleichheit des Austauschs charakteristisch, wonach gleiche Arbeit für gleiche Arbeit eingetauscht wird: Die Arbeit muss gemessen werden, noch dazu mit Hilfe der *Arbeitszeit (es* werden quantitativ und qualitativ gleiche Arbeitszeiten ausgetauscht). Jedoch: »Innerhalb der genossenschaftlichen, auf Gemeingut an den Produktionsmitteln gegründeten Gesellschaft tauschen die Produzenten ihre Produkte nicht aus, ebenso wenig erscheint hier die auf Produkte verwandte Arbeit als *Wert* dieser Produkte.«[24] Freilich könnte man diesen Gedankengang auch so auslegen, dass der Wert nur im ersten *Sinn des Begriffs* aufhört zu sein. Dem aber widerspricht die Tatsache, dass laut Marx die Arbeit in dieser zweiten Phase des Kommunismus zum *Lebensbedürfnis* wird. Dies ist aber eindeutig eine Rückkehr zu den Vorstellungen, die in den *Grundrissen* erscheinen. In der *Kritik des Gothaer Programms* setzt Marx eine genau solche »Wohlstandsgesellschaft« und baut ebenso darauf, dass die Arbeit zum Lebensbedürfnis wird, wie in den *Grundrissen.* Man erinnere sich an den davon grundlegend abweichenden Gedankengang in den *Theorien über den Mehrwert* (der den Gedanken im *Kapital* entspricht). Dort erscheint die Arbeit bestenfalls als »soziale Pflicht«, was absolut anderes bedeutet als »Lebensbedürfnis«. In dem Modell, das im *Kapital* und in den *Theorien über den Mehr-*

---

[23] Wir erinnern uns an die Ausführungen in Kapital I, mit denen Marx nachweist, dass die »mystische Form« der Ware weder vom Gebrauchswert noch vom Wert herrühren kann. (Vgl. ebd.: 85)

[24] MEW 19: 19f.

wert entworfen ist, ist die Produktion für die Bedürfnisse nicht mit der zum Lebensbedürfnis gewordenen Arbeit korreliert, sondern mit der Arbeit als »sozialer Pflicht«. Eben deshalb erscheint in dieser Konzeption notwendigerweise die Theorie der »reinen Dominanz« des Wertgesetzes.

Obwohl die *Kritik des Gothaer Programms* keine diesbezügliche Anspielung enthält, ist es wahrscheinlich, dass Marx bei seinen Ausführungen über die Arbeit ein ähnliches Modell wie in den *Grundrissen* vorschwebte. Es ist nämlich schwer denkbar, dass die einfache, unqualifizierte, mechanische Arbeit zum »Lebensbedürfnis« wird; umso leichter kann man sich hingegen vorstellen, dass dem »neben den Produktionsprozess tretenden« Menschen seine qualifizierte Kontrollarbeit in der Tat Lebensbedürfnis ist. Umso wahrscheinlicher ist dies, da Marx dort, wo er von der Reduzierung der Arbeit zu einfacher Arbeit spricht, nie eine Umwandlung der Arbeit zum »Lebensbedürfnis« erwähnt, wohl aber betont, dass die Arbeit stets das Reich der Notwendigkeit bleibt und dass das Reich der Freiheit *außerhalb* dieser (in der Freizeit) »beginnt«.

Doch nun zurück zu den Kategorien »notwendige Arbeit«, »Mehrarbeit« und »gesellschaftlich notwendige Arbeit«. Betrachten wir zuerst die Konzeption der *Grundrisse.*

Darin spielt die *für die Produktion notwendige Arbeitszeit* eine wichtige Rolle, insbesondere in dem Zusammenhang, dass sie sich nach Möglichkeit und in ständig wachsendem Ausmaß *vermindern* muss. In gesellschaftlich notwendiger Arbeitszeit kann man zugleich nicht *messen,* da jede Arbeit *qualitativ* verschieden sein wird, (noch dazu: *je nach den Individuen* qualitativ verschieden) daher nicht quantifizierbar. (Der Gedanke der Reduzierung zu »einfacher Arbeit« wird hier nicht erwähnt.) »Ökonomie der Zeit, darin löst sich schließlich alle Ökonomie auf. Ebenso muss die Gesellschaft ihre Zeit zweckmäßig einteilen, um eine ihren Gesamtbedürfnissen gemäße Produktion zu erzielen. [...] Ökonomie der Zeit, sowohl die planmäßige Verteilung der Arbeitszeit auf die verschiednen Zweige der Produktion, bleibt also erstes ökonomisches Gesetz auf Grundlage der gemeinschaftlichen Produktion. Es wird sogar in viel höherem Grade Gesetz. Dies ist jedoch wesentlich verschieden vom Messen der Tauschwerte (Arbeiten oder Arbeitsprodukte) durch die Arbeitszeit. Die Arbeiten der Einzelnen in demselben *Arbeitszweig,* und die verschiednen Arten der Arbeit, sind nicht nur *quantitativ,* sondern *qualitativ* verschieden. Was setzt der nur *quantitative* Unterschied von Dingen voraus? Die Dieselbigkeit ihrer Qualität. Also das quantitative Messen der Arbeiten die Ebenbürtigkeit, die Dieselbigkeit ihrer Qualität.«[25]

Es ist kein Zufall, dass hier die Reduktion zur »einfachen Arbeit« nicht erwähnt wird. Diese Funktion verrichtet nämlich, sofern die Arbeiten auf einfache *und* auf komplizierte zerfallen, der *Markt.* Im *Kapital* gibt es bekanntlich keine derartigen Probleme. Das Messen mit Hilfe der Arbeitszeit ist auch ohne Markt leicht möglich, *da jede Arbeit einfache Arbeit* ist. Ist aber die für die Zukunft gesetzte Arbeit, wie aus den *Grundrissen* hervorgeht und wie es wahrscheinlich auch in der *Kritik des Gothaer Programms* gemeint ist, nicht nur je nach Industriezweigen, sondern auch je nach Individuen qualitativ verschieden, kann die »gesellschaftlich notwendige Arbeitszeit« nicht weiter als Maßstab dienen. Ich möchte ein Beispiel anführen, das aber nicht eines unter vielen, sondern von ausschlaggebender Bedeutung ist. Wie kann man im Bereich der Wissenschaft die gesellschaftlich notwendige Arbeitszeit feststellen, wie kann man qualitativ verschiedene wissenschaftliche Tätigkeitstypen auf dieser Basis vergleichen?[26]

In der zitierten Passage erscheint die materielle Produktion der Zukunft für Marx als weitgehend *rationalisiert.* Doch gibt es für diese Rationalisierung gleichzeitig kein Kriterium, keinen Maßstab, Träger der Rationalisierung ist einzig der *»general intellect«*, die Fähigkeit der Gesellschaft der assoziierten Produzenten zu rationalisieren.[27]

---

[25] MEW 42: 105.

[26] Der Wissenschaft misst Marx auch im Kapital eine hervorragende Rolle in der Gesellschaft der »assoziierten Produzenten« zu. Damit wird aber die »Reduzierung zu einfacher Arbeit« eindeutig hinfällig, ohne dass Marx sich dessen bewusst wäre. In dieser Hinsicht sind die Ausführungen in den Grundrissen konsequenter.

[27] Es ist überflüssig erneut zu betonen, dass Arbeit als Lebensbedürfnis in dieser Konzeption vorhanden ist.

Für die notwendige Arbeit gibt es in den *Grundrissen* einen einzigen Begriff: den Begriff der *gesellschaftlich notwendigen* Arbeit. Die Aufteilung der Arbeit des Einzelnen zu notwendiger und zu Mehrarbeit *hört gleichzeitig mit dem Kapitalismus auf.* In dieser Lage ist es nicht weiter sinnvoll jene Arbeitszeit aufzuteilen, während welcher der Mensch für die Befriedigung seiner »notwendigen Bedürfnisse« bzw. darüber hinaus arbeitet, da die »darüber hinaus« gearbeitete Zeit nicht für die Kapitalverwertung, sondern ebenfalls *für sich als gesellschaftliches Individuum* verrichtet ist. Da jedes produzierte Gut mittelbar oder unmittelbar die Bedürfnisse des vergesellschafteten Individuums befriedigt, zerfällt die Arbeit auch vom Blickwinkel des Einzelnen nicht zu notwendiger und zu Mehrarbeit. »Wie wenig Proudhon die Sache verstanden hat, geht aus seinem Axiom hervor, dass jede Arbeit ein Surplus lässt. Was er bei dem Kapital verneint, verwandelt er in natürliche Eigenschaft der Arbeit. Der Witz ist vielmehr, dass die zur Fristung der absoluten Bedürfnisse notwendige Arbeitszeit *freie* Zeit lässt [...] und daher Surplusproduce geschaffen werden kann, wenn *Surplusarbeit* gearbeitet wird. *Das Verhältnis selbst auszuheben ist der Zweck;* sodass das *Surplusproduce selbst als notwendiges erscheint.*«[28]

Dennoch hat man den Eindruck, als hätte Marx bereits in den *Grundrissen* zwischen der ersten und zweiten Phase des Kommunismus differenziert, wenngleich in nicht derart expliziter Form, wie in der *Kritik des Gothaer Programms.* Aus dieser letzteren Arbeit geht nämlich eindeutig und klar hervor, dass man in der ersten Phase des Kommunismus zwischen notwendiger und Mehrarbeit *real unterscheiden kann.* Vom sogenannten ungekürzten Arbeitsertrag zieht die Gesellschaft die für Investierung von Produktionsmitteln notwendige Arbeitszeit, ferner jene Arbeitszeit, die für die Produktion zwecks »gemeinschaftlicher Befriedigung der Bedürfnisse« vorgesehen ist und jene Arbeitszeit, die für soziale Zwecke aufgewendet werden muss. In der Form von »Arbeitsgeld« erhält der Arbeiter jenen Teil, den er für die Befriedigung seiner persönlichen Bedürfnisse aufwenden kann: Darin ist also seine notwendige Arbeit verkörpert. Der Mensch arbeitet zwar gemäß seinen

[28] Ebd.: 513; die letzten beiden Hervorhebungen Á.H.

Fähigkeiten, doch ist ihm die Arbeit noch nicht zum Lebensbedürfnis geworden, auch gibt es noch keinen wahren gesellschaftlichen Reichtum; deshalb ist es *notwendig,* die notwendige Arbeit abzusondern (selbst wenn es tausendmal wahr ist, dass letzten Endes jede verrichtete Arbeit notwendige – gesellschaftlich notwendige – Arbeit ist). So oft in den *Grundrissen* der Gedanke des »Arbeitsgelds« in Bezug auf die Zukunftsgesellschaft mit positivem Nachdruck erscheint (und er erscheint ausschließlich in Bezug auf die Zukunftsgesellschaft mit positivem Nachdruck), hat man eine ähnliche Vorstellung vor sich, die, für Marx, als die Möglichkeit der unmittelbaren Zukunft erscheint. Allerdings schreibt Marx an einer Stelle, des Kapitals »historische Bestimmung ist erfüllt, sobald [...] die Bedürfnisse so weit entwickelt sind, dass die Surplusarbeit über das Notwendige hinaus selbst allgemeines Bedürfnis ist, aus den individuellen Bedürfnissen selbst hervorgeht [...] also die Arbeit, wo der Mensch in ihr tut, was er Sachen für sich tun lassen kann, aufgehört hat.«[29] An dieser Stelle »überspringt« Marx zweifellos die erste Phase des Kommunismus. Doch ist dies ein Ausnahmefall. Zweifellos hatte Marx eine Konzeption, in der das Vorhandensein des »Arbeitsgeld« vorausgesetzt wird und die daher die Unterscheidung zwischen notwendiger und Mehrarbeit vom Blickwinkel des Individuums voraussetzt, ebenso wie auch das Funktionieren des Wertgesetzes. Ferner hat er auch eine andere Konzeption, offensichtlich für eine entferntere Zukunft anberaumt, in der es vom Blickwinkel des Individuums keinen Unterschied mehr zwischen notwendiger und Mehrarbeit gibt und auch das Wertgesetz seine Funktion eingebüßt hat: »Sobald die Arbeit in unmittelbarer Form aufgehört hat, die große Quelle des Reichtums zu sein, hört und *muss aufhören* die Arbeitszeit sein Maß zu sein und daher der Tauschwert[30] (das Maß) des Gebrauchswerts. [...] Damit bricht die auf dem Tauschwert ruhnde Produktion zusammen und der unmittelbare materielle Produktionsprozess erhält selbst die Form

[29] Ebd.: 244.

[30] Wie gesagt erscheinen hier die Kategorien Wert und Tauschwert undifferenziert.

der Notdürftigkeit und Gegensätzlichkeit abgestreift.[31] Die freie Entwicklung der Individualitäten und daher nicht das Reduzieren der notwendigen Arbeitszeit, um Surplusarbeit zu setzen, sondern überhaupt die Reduktion der notwendigen Arbeit der Gesellschaft zu einem Minimum, der dann die künstlerische, wissenschaftliche etc. Ausbildung der Individuen durch die für sie alle freigewordne Zeit und geschaffnen Mittel entspricht.«[32]

Sobald aber Marx Wert und Tauschwert unterschieden hat, wird in den Ausführungen jene Konzeption dominant, welche in den *Grundrissen* und in der *Kritik des Gothaer Programms* (annehmbarerweise) nur die erste Phase des Kommunismus kennzeichnet, nämlich, dass man *die Rationalität der Arbeit mit der gesellschaftlich notwendigen Arbeitszeit* zu *messen* hat. Nicht ebenso eindeutig und radikaler wird auch die *Möglichkeit* gesetzt, notwendige und Mehrarbeit auch in der Gesellschaft der »assoziierten Produzenten« rationell voneinander zu trennen. In *Theorien über den Mehrwert I* schreibt Marx: »Aber gesetzt, es existiere kein Kapital, sondern der Arbeiter eignete sich selbst seine Surplusarbeit an, den Überschuss der Werte, die er geschaffen, über den Oberschuss der Werte, die er konsumiert. So wäre nur von dieser Arbeit zu sagen, dass sie wahrhaft produktiv ist, d.h. neue Werte schafft.«[33]

Im *Kapital I* ist dann dieses Problem ausführlich erörtert. Bevor wir die Stelle zitieren, möchten wir nachdrücklich darauf aufmerksam machen, dass Marx auch andere Alternativen offenlässt, welche er mit der Veränderung der kommunistischen Produktions- und Aufteilungsweise verbindet. Vom Standpunkt unseres Problems ist jedoch interessant, dass er *überhaupt* von einer Möglichkeit, notwendige und Mehrarbeit zu unterscheiden, spricht.

»Stellen wir uns endlich [...] einen Verein freier Menschen vor, die mit gemeinschaftlichen Produktionsmitteln arbeiten und ihre vielen individuellen Arbeitskräfte selbstbewusst als eine gesellschaftliche Arbeitskraft verausgaben. [...] Das Gesamtprodukt des Vereins ist ein gesellschaftliches Produkt. Ein Teil dieses Produkts

---

31 Ein weiteres Beispiel für die Auflösung der Antinomie.

32 Ebd.: 601.

33 MEW 26.1: 123.

dient wieder als Produktionsmittel. Es bleibt gesellschaftlich. Aber ein anderer Teil wird als Lebensmittel von den Vereinsmitgliedern verzehrt. Er muss daher unter sie verteilt werden. Die Art dieser Verteilung wird wechseln mit der besondren Art des gesellschaftlichen Produktionsorganismus selbst und der entsprechenden geschichtlichen Entwicklungshöhe der Produzenten. Nur zur Parallele mit der Warenproduktion setzen wir voraus, der Anteil jedes Produzenten an den Lebensmitteln sei bestimmt durch seine Arbeitszeit. Die Arbeitszeit würde also eine doppelte Rolle spielen. Ihre gesellschaftlich planmäßige Verteilung regelt die richtige Proportion der verschiednen Arbeitsfunktionen zu den verschiednen Bedürfnissen. Andrerseits dient die Arbeitszeit zugleich als Maß des individuellen Anteils des Produzenten an der Gemeinarbeit und daher auch an dem individuell verzehrbaren Teil des Gemeinprodukts. Die gesellschaftlichen Beziehungen der Menschen zu ihren Arbeiten und ihren Arbeitsprodukten bleiben hier durchsichtig einfach in der Produktion sowohl als in der Distribution.«[34]

Es ist nicht zu bezweifeln: Diese Konzeption, zumindest was die zweite Funktion des Messens mit Arbeitszeit anbelangt, entspricht vollständig dem Modell, das Marx in der *Kritik des Gothaer Programms* als erste Phase des Kommunismus bezeichnet und das die »Muttermale« der kapitalistischen Gesellschaft noch an sich trägt.

Im zweiten, noch mehr aber im dritten Band des *Kapital* gibt es keine Unterscheidung zwischen notwendiger Arbeit und Mehrarbeit in Hinsicht des *Einzelmenschen,* des *einzelnen Produzenten;* diese lässt sich jedoch in Bezug auf das gesellschaftliche Gesamtprodukt beziehungsweise in Bezug auf die Gesellschaft der »assoziierten Produzenten« anwenden, wo die letztere als ein einziges gigantisches Individuum gesetzt ist. Die Eigenheit der kapitalistischen Gesellschaft ist ja *nicht die Mehrarbeit,* sondern deren *Kapitalwerden:* »Dass dies in der Form der Verwandlung von Profit in Kapital geschieht, heißt nur, dass nicht der Arbeiter, sondern der Kapitalist über die überschüssige Arbeit verfügt«[35] und an anderer Stelle dort heißt es: »Nur wo die Produktion unter wirklicher vor-

---

[34] MEW 23: 92f.

[35] MEW 25: 858.

herbestimmender Kontrolle der Gesellschaft besteht, schafft die Gesellschaft den Zusammenhang zwischen dem Umfang der gesellschaftlichen Arbeitszeit, verwandt auf die Produktion bestimmter Artikel, und dem Umfang des durch diese Artikel zu befriedigenden gesellschaftlichen Bedürfnisses.«[36] Das heißt: Die »assoziierten Produzenten« vermessen zuerst, wieviel Arbeitszeit ihnen zur Verfügung steht. Dies hängt ab von der Zahl der Bevölkerung, ferner vom Quantum der disponiblen Arbeitsstunden.[37] Diese Arbeitszeit wird dann zwischen den verschiedenen Produktionszweigen nach folgenden Gesichtspunkten »aufgeteilt«: a) In jedem Produktionszweig wird die gesellschaftlich notwendige Arbeitszeit vermessen (man rationalisiert). b) Es wird festgestellt, wieviel davon für die unmittelbare Befriedigung der materiellen Bedürfnisse der Bevölkerung (d.h. für sich selbst) aufgewendet werden muss (das ist die notwendige Arbeit) und wieviel für anderes (z.B. die Entwicklung von Produktionsmitteln) zur Verfügung steht – die letztere ist die Mehrarbeit. Es sei erneut betont, dass diese Konzeption eindeutig auf der *Reduktion zu einfacher Arbeit* beruht, darauf also, dass die zu verrichtenden Arbeiten *von jedem Individuum* – das gleiche Niveau der Produktivität vorausgesetzt – in etwa *gleicher Zeit* verrichtbar ist, und dass sie von jedem Menschen auch *pflichtgemäß* verrichtet wird. Würden wir eine komplizierte Arbeit setzen (wie es Marx in den *Grundrissen* tut), wäre diese Art Rationalität nur derart interpretierbar, dass der Wert der Arbeitsstunde jedes einzelnen Individuums *separat* angerechnet wird, was ohne die Setzung des Marktes absurd ist.[38] Wir wiederholen: Das Messen mit Arbeitszeit und die Unterscheidung zwischen notwendiger und Mehrarbeit (ohne Marktstruktur) beruht dem Wesen nach darauf, dass die ganze Gesellschaft wie ein *einziges Individuum* aufgefasst ist.

---

36 Ebd.: 197.

37 Je geringer dieses Quantum, umso besser: Je entwickelter die Produktivkräfte, umso weniger Arbeitsstunden können für Produktionszwecke festgesetzt werden.

38 Man erinnere sich: Eben deshalb hört das Messen mit Arbeitszeit ganz allgemein in den Grundrissen auf.

Welche – schier unlösbare – Probleme diese Auffassung hinsichtlich des Verhältnisses zwischen Produktion und Bedürfnissen aufwirft, soll noch untersucht werden.

ad e) Zweifellos stellt sich Marx die Gesellschaft der »assoziierten Produzenten« solcherart vor, dass für ihren Reichtum nicht die Proportion von notwendiger und Mehrarbeit als Maßstab dient, sondern die Proportion von »necessary time« und »disposable time« – von »notwendiger« und »zur Verfügung stehender« Zeit. In dieser Hinsicht ist es einerlei, ob Marx eine Differenzierung von notwendiger und Mehrarbeit setzt oder nicht. Selbstverständlich ist die Entwicklung der Produktivkräfte eine Vorbedingung der Steigerung der disposable time; der wahre Reichtum des Menschen realisiert sich jedoch in den freien Selbstbetätigungstypen der »disposable time«.

Das ist ein in sich klarer, widerspruchlos interpretierbarer Gedanke. Probleme kommen nur dann auf, wenn wir das Verhältnis der »disposable time« zur *Produktion* bzw. *Konsumtion* untersuchen.

»Disposable time« ist die Zeit der Konsumption, nicht der Arbeit, die Zeit teils des Genusses, der vom Verbrauch materieller Güter herrührt, teils der freien geistigen Betätigungen, die, sofern sie schon produzierte Mittel beanspruchen, ebenfalls zur Sphäre des Konsums gehören (man könnte sie auch »kreativen Konsum« nennen). Die während der disposable time befriedigten rein geistigen Bedürfnisse lassen wir hier unbeachtet.

Problematisch ist, ob jene Betätigungen, die Marx ebenfalls dem Konsum zureiht, die aber unerlässliche Bedingungen und Momente der Produktion sind, während der »necessary« oder der »disposable« Zeit zu verrichten sind. Zu dieser Gruppe gehören etwa »die gemeinschaftliche Befriedigung der Bedürfnisse« (z.B. Unterricht) oder die Produktionssteuerung.

Es *scheint* natürlich zu sein, dass diese während der »necessary time« zu verrichtende Arbeiten sind. Innerhalb der in den *Grundrissen* dargelegten Konzeption lässt sich dies widerspruchslos so interpretieren. Da die Arbeit alten Typus nicht mehr existiert, die Produktion durch qualitativ verschiedene Betätigungstypen kontrolliert wird und da die notwendige Arbeit nicht mit Arbeitszeit gemessen wird, ist *jeder* in der Produktion eine Rolle spielende Betätigungstyp Bestandteil der »necessary time«. In Anbetracht der Konzeption aber, die im dritten Band des *Kapital* aufgestellt ist, ist aber die Lösung nicht so einfach. Nach dieser Konzeption besteht nämlich die necessary time aus der Verrichtung *einfacher* Arbeit. Die Konzeption von Marx berücksichtigend kann man nicht annehmen, dass Unterricht oder Produktionssteuerung einfache Arbeit wären, diese können daher nicht dem System des »Wechsels« einfacher Arbeiten angehören. Man darf jedoch annehmen, dass die Individuen die Steuerung oder Lenkung *über* ihre notwendige Arbeit *hinaus* verrichten, dass ihre »freie Selbstbetätigung« sich eben darin offenbart. In diesem Fall wäre aber *eine* gesellschaftlich notwendige Arbeit organischer Bestandteil der disposable time und könnte nicht in die gesellschaftlich notwendige Arbeitszeit mit eingerechnet werden. Freilich könnte man sich den Wechsel der Arbeiten innerhalb der necessary time vorstellen, doch wäre das dann nicht der Wechsel einfacher, sondern *einfacher* und *komplizierter* Arbeiten. Wo aber kann der Mensch die Fähigkeit entwickeln, die ihn für die Steuerungsarbeit eignet? Sofern in der necessary time, so stürzt die Theorie der »einfachen Arbeit« endgültig zusammen, da im Zuge des »Wechsels« der Arbeiten jedermann zeitweilig auch lenkt; das heißt, dass jedermann die Fähigkeit, komplizierte Arbeitsprozesse zu verrichten, anzueignen hat, wodurch sich der auf tatsächlich produktive Arbeit entfallende Teil der necessary time außerordentlich vermindern würde. Entwickeln aber die Menschen diese Fähigkeit während der disposable time, gelangen wir zu unserem vorherigen Problem, zum Widerspruch zurück. Es ist nämlich vollkommen einerlei, ob die Menschen während ihrer Freizeit einfache Arbeit verrichten oder sich für komplizierte Arbeit rüsten – ein Teil der Freizeit wird in jedem Fall »gesellschaftlich notwendig«, der in »gesellschaftlich notwendiger Arbeitszeit« nicht messbar ist.

Noch krasser stellt sich dieses Problem, wenn man an die Funktion der *Naturwissenschaften* denkt. Die Naturwissenschaft ist laut Marx die größte Produktivkraft, die wissenschaftliche Arbeit »allgemeine Arbeit«. Gehören das Verrichten naturwissenschaftlicher Arbeit und die hierzu notwendige Ausbildung zur necessary time (was selbstverständlich wäre), dann erfolgt Spezialisierung, was der Konzeption des *Kapital* widerspricht, und zwar nicht nur in dem Sinn, dass sich verschiedene Menschen für verschiedene Zweige der Wissenschaft spezialisieren, sondern auch in dem Sinn, dass sich *gewisse* Menschen für Naturwissenschaften spezialisieren (die einen verrichten komplizierte, die anderen einfache Arbeit). Eine Spezialisierung, in der *jedermann* einen bestimmten Zweig der Naturwissenschaften aneignet und den abwechselnd mit der einfachen Arbeit ausübt, würde die auf unmittelbare Produktion entfallende Zeit ebenfalls maßgeblich vermindern. Gehört aber die Ausbildung in einem Bereich der Naturwissenschaften dem Kreis der freien Betätigungen während der disposable time an, so kann man dies wiederum nicht mit Hilfe der gesellschaftlich notwendigen Arbeitszeit messen.[39]

Nun sind wir so weit, die Wechselwirkung zwischen Produktion und Bedürfnisstruktur in der Gesellschaft der »assoziierten Produzenten« untersuchen zu können.

Es wurde bereits gesagt, dass Marx in der »Gesellschaft der assoziierten Produzenten« mit einer von Grund auf neuen Bedürfnisstruktur arbeitet. Die primäre Rolle kommt dabei der Verallgemeinerung des *Bedürfnisses für Arbeit* zu (damit steht und fällt die gesamte Theorie) und, wie ebenfalls gesehen, sogar der des *Bedürfnisses für Mehrarbeit.*

Wir wissen, dass das Aufkommen des Arbeitsbedürfnisses und das Aufwachsen der Arbeit zum Lebensbedürfnis bei Marx nicht gleichbedeutend sind. Im Kapitalismus ist die Arbeit eine Last, weil a. sie vom Menschen infolge äußeren Zwangs verrichtet wird, weil sie entfremdet ist, b. weil ihre konkrete Natur keine Möglichkeit zur Selbstverwirklichung des Menschen bietet. »Allerdings hat er [gemeint ist A. Smith – Á.H.] recht, dass in den historischen Formen der Arbeit als Sklaven-, Fronde-, Lohnarbeit die Arbeit stets repulsiv, stets als *äußre Zwangsarbeit* erscheint und ihr gegenüber die Nichtarbeit als ›Freiheit und Glück‹. Es gilt doppelt: von dieser ge-

[39] Hinzugefügt sei, dass ich persönlich mir ein Modell »Jedermann Fachmann in irgendeinem Bereich« in entfernter Zukunft vorstellen kann, jedoch nur mit Hilfe der Zuwendung von »disposable time« und bei einer ganz anderen Form der Wertbestimmung als in Kapital III vorgestellt.

gensätzlichen Arbeit und, was damit zusammenhängt, der Arbeit, die sich noch nicht die Bedingungen, subjektive und objektive, geschaffen hat [...], damit die Arbeit *travail attractif, Selbstverwirklichung des Individuums sei,* was keineswegs meint, dass sie bloßer Spaß sei [...], wie Fourier es [...] auffasst.«[40]

In der Konzeption der *Grundrisse* wird *beiden Bedingungen* genüge geleistet: Die Entfremdung wird aufgehoben und die Arbeit zu *travail attractif.* Da in der Produktion materieller Güter die Arbeit im herkömmlichen Sinn aufhört, wird im Wesentlichen *jede Arbeit zu geistiger Arbeit,* zum Selbstverwirklichungsbereich der menschlichen Persönlichkeit. Damit wird sie aber zum Lebensbedürfnis, zu einem entscheidenden – wenn nicht zum *entscheidendsten* – Bedürfnis des Menschen und erhält daher auch in der Bedürfnisstruktur eine dominante Rolle. Die Frage, »warum« die Menschen arbeiten, kann in dieser Konzeption nicht einmal aufkommen.

Innerhalb des Rahmens der im *Kapital* dargelegten Vorstellung wird jedoch nur *eine* Bedingung erfüllt: Die Entfremdung der Arbeit hört auf (in jeder Hinsicht), die Arbeit selber wird aber *nicht* zu *travail attractif.* In dieser Interpretierung ist die Arbeit selbst in der »Gesellschaft der assoziierten Produzenten« keine freie Selbstbetätigung. »Das Reich der Freiheit beginnt in der Tat erst da, wo das Arbeiten, das durch Not und äußere Zweckmäßigkeit bestimmt ist, aufhört; es liegt also der Natur der Sache nach jenseits der Sphäre der eigentlichen materiellen Produktion. [...] Die Freiheit in diesem Gebiet kann nur darin bestehn, dass der vergesellschaftete Mensch, die assoziierten Produzenten, diesen ihren Stoffwechsel mit der Natur rationell regeln, unter ihre gemeinschaftliche Kontrolle bringen, statt von ihm als von einer blinden Macht beherrscht zu werden; ihn mit dem geringsten Kraftaufwand und unter den ihrer menschlichen Natur würdigsten und adäquatesten Bedingungen vollziehn. Aber es bleibt dies immer ein Reich der Notwendigkeit. Jenseits desselben beginnt die menschliche Kraftentwicklung, die sich als Selbstzweck gilt, das wahre Reich der Freiheit, das aber

---

[40] MEW 42: 512; Hervorh. Á.H.

nur auf jenem Reich der Notwendigkeit als seiner Basis aufblühn kann. Die Verkürzung des Arbeitstages ist die Grundbedingung.«[41]

Hier scheinen drei Bemerkungen notwendig zu sein. Vor allem: Da gemäß des in *Kapital* Ausgeführten allein die Freizeit der Raum der freien Selbstbetätigung ist, misst hier Marx der Zeitökonomie, der Verkürzung der notwendigen Arbeitszeit, der Rationalisierung der Produktion *noch größere Bedeutung* bei als in den *Grundrissen.* Zweitens: Da die Arbeit selbst *nicht* travail attractif ist, kann sich hier die Frage stellen, *warum, wofür* die Menschen arbeiten. Drittens möchte ich hervorstreichen, dass ich dieses Programm, das realistischer als das in den *Grundrissen* dargelegte ist, von diesem Gesichtspunkt aus als *utopistischer* als jenes betrachte: Ich halte eine *so große Kluft* zwischen der Arbeits- und der Freizeitbetätigung der Menschen für undenkbar. Der schöne Gedanke der *Grundrisse,* wonach das in seiner Freizeit tätige Individuum als *anderer* Mensch wieder in die Produktion eintritt, ist in dieser Konzeption irrelevant, die Produktion nämlich »braucht es nicht«, dass sie von »anderen«, d.h. von »reicheren« Menschen verrichtet werde.

Da die Ausführung dieses Themas weitab von unserem eigentlichen Anliegen führte, wollen wir zur zweiten Frage zurückkehren: Warum arbeiten die Menschen? Die heutige Bedürfnisstruktur voraussetzend ist dies ausschließlich aufgrund des allgemeines Arbeitszwanges denkbar. Doch ist der »Arbeitszwang« bei Marx nur für eine Übergangsperiode (die kurze Phase der proletarischen Diktatur) charakteristisch. In der Gesellschaft der »assoziierten Produzenten« kann nur die Natur den Menschen zwingen, etwas zu tun; kein Mensch kann den anderen zu etwas zwingen.[42] In der ersten Phase des Kommunismus (in der die Menschen gemäß ihrer Arbeit an den Produkten teilhaben) macht sich selbstverständlich noch eine – vom Kapitalismus vererbte – Form des Zwanges geltend: Die Menschen müssen arbeiten, um leben zu können. Wenn aber die Menschen je nach ihren Bedürfnissen an den Gütern teilhaben, wenn die Arbeitszeit des Einzelnen nicht zu notwendiger und zur

---

[41] MEW 25: 828.

[42] Herrschaft und Knechtschaft sind laut Marx Reflexionsbestimmungen. Keine Herrschaft ohne Knechtschaft und umgekehrt.

Mehrarbeit zerfällt, kann auch diese Form des Zwanges nicht mehr sich durchsetzen. Warum arbeiten dann die Menschen? Zweifellos setzt Marx auch im *Kapital* eine von Grund auf neue Bedürfnisstruktur, welche die Menschen zu *anderen* umgestaltet: zu Menschen, denen die »gesellschaftliche Pflicht« *äußeres, aber auch inneres Motiv* ist, wo *Müssen* und *Sollen* – auch in dieser Hinsicht – zusammenfallen.[43]

Eine zusammenhängende Konzeption über die Wechselwirkung von materiellen Bedürfnissen und Produktion führt Marx nur in *Kapital* aus. Betrachten wir dieses Modell.

»Nur wo die Produktion unter wirklicher vorherbestimmender Kontrolle der Gesellschaft steht, schafft die Gesellschaft den Zusammenhang zwischen dem Umfang der gesellschaftlichen Arbeitszeit, verwandt auf die Produktion bestimmter Artikel, und dem Umfang des durch diese Artikel zu befriedigenden gesellschaftlichen Bedürfnisses.«[44] Ferner: »Zweitens bleibt, nach Aufhebung der kapitalistischen Produktionsweise, aber mit Beibehaltung gesellschaftlicher Produktion, die Wertbestimmung vorherrschend in dem Sinn, dass die Regelung der Arbeitszeit und die Verteilung der gesellschaftlichen Arbeit unter die verschiedenen Produktionsgruppen, endlich die Buchführung hierüber, wesentlicher denn je wird.«[45] Des Weiteren: »Mehrarbeit überhaupt, als Arbeit über das Maß der gegebnen Bedürfnisse hinaus, muss immer bleiben. [...] Ein bestimmtes Quantum Mehrarbeit ist erheischt durch die Assekuranz gegen Zufälle, durch die notwendige, der Entwicklung der Bedürfnisse und dem Fortschritt der Bevölkerung entsprechende, progressive Ausdehnung des Reproduktionsprozesses, was vom kapitalistischen Standpunkt aus Akkumulation heißt.«[46]

Wie steht es also um das Verhältnis zwischen materiellen Bedürfnissen und Produktion laut dieser Vorstellung?

---

[43] Ich selbst kann mir dieses Modell nur in einer aus Gemeinschaften sich zusammensetzenden Gesellschaft vorstellen. Wir werden noch sehen, ob Marx daran dachte.

[44] Ebd.: 197.

[45] Ebd.: 859.

[46] Ebd.: 827. Zahlreiche, auch dieses Problem berührende Stellen wurden bereits zitiert; diese wollen wir nicht wiederholen.

Die Gesellschaft produziert *für Bedürfnisse,* wodurch die »Zufälligkeit« des Marktes ausgeschaltet wird. Damit kann man, laut Marx, die »Verschwendung« von materiellen Gütern und Produktionsfähigkeiten vermeiden, die den Kapitalismus kennzeichnet und daher rührt, dass Produktion und Bedürfnisse sich erst auf dem Markt begegnen. Wie geschieht das Produzieren für Bedürfnisse? Die »assoziierten Produzenten« werden, wie bereits erwähnt, a. die Bedürfnisse, b. die zur Verfügung stehende Arbeitszeit vermessen und c. für jede Tätigkeit die *gesellschaftlich notwendige Arbeitszeit* feststellen. Sodann werden sie die Produktivkräfte unter den verschiedenen Produktionszweigen aufteilen (bzw. neuverteilen). Bei dieser Aufteilung tragen sie selbstverständlich auch der Produktion Rechnung, die *nicht unmittelbar* der Befriedigung von Bedürfnissen dient.[47]

Welche sind die Bedürfnisse, die laut Marxens Vorstellung zu vermessen sind, für die produziert werden muss? Diese sind jene »wahren gesellschaftlichen« Bedürfnisse, die den »notwendigen Bedürfnissen« gleichkommen.

Wie aber lassen sich »wahre gesellschaftliche Bedürfnisse« vermessen? Man nehme an, dass die unmittelbar auf Konsum ausgerichteten Bedürfnisse der Individuen *qualitativ* und *quantitativ* etwa gleich sind. In diesem Fall ist es außerordentlich leicht, sie zu erheben: Mit Hilfe von *random samples* lassen sich ihre Qualität wie auch Quantität feststellen. So weit, so gut; der Mensch der kommunistischen Gesellschaft soll aber laut Marx vor allem dadurch ausgezeichnet sein, dass seine Bedürfnisse *individuell* und die Bedürfnisse der verschiedenen Individuen qualitativ und quantitativ äußerst verschieden sein werden. Trifft das auch für die materiellen Bedürfnisse zu, ist eine solche Vermessung wie im *Kapital* dargestellt, einfach absurd. Selbst wenn man zu ihrer Realisierung – unbedingt ein recht kompliziertes – Verfahren erfinden würde, kann man getrost erklären, dass solche »Produktion für Bedürfnisse« zu einer noch viel größeren »Verschwendung« der materiellen Güter

[47] Produktionserweiterung, Assekurationsfonds und – wenn auch hier nicht erwähnt, an anderen Stellen jedoch häufig – kommunale Investitionen, die die Bedürfnisse erst in gewisser Zeit befriedigen werden.

und der Produktivkräfte führen würde, als zu der die Warenproduktion (die Marktregulierung) je geführt hat oder je führen kann. Infolgedessen, und infolge anderer Hinweise, muss man meinen, dass Marx die *Individualisierung* der Bedürfnisse nicht auf den Bereich der Bedürfnisse für materielle Güter anwendete. Demgemäß würden nur die *nichtquantifizierbaren* Bedürfnistypen individuell (und qualitativ recht verschieden), nicht aber die quantifizierbaren Bedürfnistypen (die wahren materiellen Bedürfnisse). Das führte zu einem äußerst homogenen, fast uniformisierten Individuum-Image – angenommen, dass Marx gedacht hätte, die materiellen Bedürfnisse spielten in der Bedürfnisstruktur der Individuen eine ausschlaggebende Rolle. Doch hat sich Marx genau das Gegenteil vorgestellt: Zweifellos nehmen bei den Individuen der Gesellschaft der »assoziierten Produzenten« die materiellen Bedürfnisse eine *untergeordnete* Rolle innerhalb der Bedürfnisstruktur ein, wodurch *trotz* deren qualitativen und quantitativen »Gleichheit« die Entfaltung des *individuellen Bedürfnissystems* möglich wird.

Diese Konzeption ist auf verhältnismäßig stagnierende, sich langsam entwickelnde Bedürfnisse aufgebaut – zumindest was die materiellen Bedürfnisse anbelangt. Zugleich trägt sie der bereits erwähnten Tatsache nicht Rechnung, dass auch die rein *qualitativen (eo ipso* individuellen) Bedürfnisse materielle Produktion erheischen, was weitere Schwierigkeiten der »Erhebung« bedeutet.

Zweifellos herrscht hier – zumindest im heute günstigen Sinn des Wortes – hinsichtlich der materiellen Bedürfnisse eine Art *Egalitarismus* vor. Das zu betonen ist umso wichtiger, da der Egalitarismus keinen erbitterten Feind als eben Marx hatte. Der Begriff der *Gleichheit* gehört, seiner Auffassung nach, der Warenproduktion an: Die Warenproduktion ist die realisierte »Gleichheit«. Gleichheit und Ungleichheit sind *Reflexionsbestimmungen:* Wo Gleichheit, dort Ungleichheit und umgekehrt. »Gleichheit« als Parole und Forderung verharrt stets innerhalb des Horizonts der bürgerlichen Gesellschaft. Zugleich abstrahiert die »Gleichheit« von der Einmaligkeit des *Individuums,* sie quantifiziert das qualitativ Verschiedene. In der Gesellschaft, die die reiche Individualität entfaltet – in der kommunistischen Gesellschaft – wird nicht »Gleichheit« verwirklicht: Gleichheit und Ungleichheit als Reflexionsbestimmungen werden sinnlos und *irrelevant.* Um zu beweisen, dass diese Idee im Marxschen Denken *ständig vorhanden* ist, wollen wir zwei Passagen anführen: eine aus einem Frühwerk, die andere aus einer Arbeit des alten Marx. In der *Heiligen Familie* schreibt Marx: »Es ist Proudhon nicht gelungen, diesem Gedanken eine entsprechende Ausführung zu geben. Die Vorstellung des ›*gleichen* Besitzes‹ ist der nationalökonomische, also *selbst noch entfremdete* Ausdruck dafür, dass der *Gegenstand als Sein für den Menschen, als gegenständliches Sein des Menschen,* zugleich das *Dasein des Menschen für den andern Menschen,* seine *menschliche Beziehung zum andern Menschen,* das *gesellschaftliche Verhalten des Menschen zum Menschen* ist.«[48] Die Idee des »gleichen Besitzes« artikuliert also auf der entfremdete Weise (innerhalb des Horizonts der bürgerlichen Gesellschaft und mit deren Terminologie) das wahre Ziel: die Aufhebung der entfremdeten Verhältnisse schlechthin. – In der *Kritik des Gothaer Programms* greift Marx nicht den Begriff des gleichen Besitzes, sondern des gleichen Rechts an.[49] »Dies *gleiche* Recht [...] ist daher ein *Recht der Ungleichheit, seinem Inhalt nach, wie alles Recht.*«[50] Diese Gleichheit sei »Abstraktion«, da sich jedem Menschen nur als Arbeiter Rechnung trägt. Gleichzeitig abstrahiert sie auch von den effektiven Bedürfnissen der einzelnen Individuen, indem sie ihnen für gleiche Arbeit gleiche Güter zukommen lässt vom gesellschaftlichen Reichtum (was immer auch ihre Bedürfnisse seien). Die Verteilung nach Bedürfnissen hebt, im Gegensatz zur Aufteilung nach Arbeit, diese Gleichheit und zugleich Ungleichheit auf.[51]

Wie wir wissen, gibt es laut *Kritik des Gothaer Programms* in der zweiten Phase des Kommunismus *keinen Wert,* und auch die Arbeit ist *nicht zu einfacher Arbeit reduziert;* gleichzeitig setzt Marx den außerordentlichen Reichtum an Gütern. Eben deshalb kann das, was wir den »egalitaristischen« Aspekt des Kommunismus ge-

---

[48] MEW 2: 44.

[49] Das gleiche Recht wird, wie wir wissen; in der ersten Phase des Kommunismus noch vorherrschen, deshalb wird sie – in dieser Beziehung – auch noch bürgerliche Gesellschaft sein.

[50] MEW 19: 21.

[51] Ebd.

nannt haben, in dieser Konzeption prinzipiell keinen Platz. Nicht so hingegen im *Kapital*, wo wir mit einen »Saturiertheitsmodell« hinsichtlich der materiellen Güter konfrontiert sind. Dieser »Egalitarismus« ist aber, laut Marxscher Konzeption, *in keiner Hinsicht identisch* mit der Gleichheit der Warenproduktion (des Besitzes und des Rechts): Es geht ja um die *relative Gleichheit tatsächlicher Bedürfnisse* in Bezug auf materielle Güter. Auch diese sind durch nichts eingeschränkt, lediglich, wie wir wissen, durch andere (höhere) Bedürfnisse der Individuen. Wir selbst können uns keine Gesellschaftsordnung vorstellen, in der die Bedürfnisse für materielle Güter verhältnismäßig gleich und leicht saturierbar wären, und wo sich die Individualität der Bedürfnisse *ausschließlich* hinsichtlich der nichtmateriellen entfaltete. Deshalb nennen wir diese Konzeption, vom Blickwinkel unseres Heute, »egalitär«. Zugleich wollen wir nicht bezweifeln, *dass sie es in Marxens Augen nicht war,* dass er dieses Modell nicht mit der »Gleichheit«, sondern mit der vollständigen Umstrukturierung des Bedürfnissystems verband.

Wie sehr Marx mit dem umstrukturierten Bedürfnissystem rechnete, geht auch aus zwei Bemerkungen in den *Grundrissen* klar hervor.[52] Über die Arbeiter im Kapitalismus schreibt er: »Durch übermäßige Erschöpfung ihrer Kräfte [...] sind sie verführt zu Gewohnheiten von Unmäßigkeiten und ungeschickt zum Denken oder Reflexion. Sie können keine physischen, intellektuellen oder moralischen *Amusements* haben, außer von der schlechtesten Art.«[53] Die *Unmäßigkeit* folgt also daraus, dass sich im Arbeiter keine Fähigkeiten für physische, intellektuelle und moralische »Amusements« entfalten können. In der »Gesellschaft der assoziierten Produzenten«, in der sich diese Fähigkeit (qualitative Bedürfnistypen) herausgestaltet, hört auch die »Unmäßigkeit« auf. – An einer anderen Stelle wirft Marx dieses Problem in gesamtgesellschaftlicher Sicht auf. Hat die Gesellschaft einen bestimmten Grad des (materiellen) Reichtums erreicht, so »die *Gesellschaft abwarten* kann; ei-

[52] Diese Umstrukturierung war für den reifen Marx überall eine conditio sine qua non, diesbezüglich gibt es keinen Unterschied zwischen Kapital und Grundrisse.

[53] MEW 42: 609.

nen großen Teil des schon geschaffnen Reichtums *entziehn* kann, sowohl dem *unmittelbaren Genuss* wie *der für den unmittelbaren Genuss bestimmten Produktion*«.[54] Obwohl bereits gesagt, möchte ich es wiederholen: Hinsichtlich der materiellen Bedürfnisse arbeitet Marx – zumindest in einer Periode *nach Erreichen* eines bestimmten Grades des materiellen Reichtums – annähernd mit einem »Saturiertheitsmodell« der materiellen Bedürfnisse.

Und an diesem Punkt stellt sich die folgende Frage: Wer disponiert darüber, wie die Produktionskapazität aufgeteilt werden soll? Wer entscheidet etwa in der Frage, wie lange die Produktion von unmittelbar dem »Genuss« dienenden Gütern »abwarten« kann? Nach Marx freilich *jedermann* – deshalb spricht er von »assoziierten Individuen«. Wie aber kann jedes Individuum darüber disponieren? Auf diese Frage gab Marx keine Antwort, weil sie *in ihm gar nicht aufkam*. Für uns aber, zu unserer Zeit, ist sie von vielleicht einschneidenster Bedeutung geworden. Diesbezügliche Modelle auszuarbeiten, steht daher im Brennpunkt des Marxismus von heute.[55]

Es ist selbstverständlich kein Zufall, wenn sich für Marx die Frage des »wie soll man disponieren« gar nicht einmal stellt. Es war schon davon die Rede, dass die Kategorie des Interesses seiner Ansicht nach in der Zukunftsgesellschaft irrelevant sein wird, es daher auch keine Gruppeninteressen, daher auch keine Interessengegensätze geben wird. Das eindeutig *gemeinsame Interesse jedes Mitglieds der Gesellschaft* ist neben der Befriedigung der notwendigen Bedürfnisse (welche, wie gesehen, in ihrer Bedürfnisstruktur eine untergeordnete Rolle spielt) die *Verminderung der Arbeitszeit*. Dies ist nur mit Hilfe maximaler Rationalisierung möglich. Infolgedessen strebt *jedes* Individuum dasselbe, nämlich die maximale Rationalisierung an. Infolgedessen ist dann auch das Wie des Disponierens vollends *gleichgültig*. Ob die Entscheidungen mittels Volksentscheid oder mit Hilfe (sich ablösender) Repräsentanten erfolgt, jedes Individuum bringt die Bedürfnisse *aller anderer Individuen* zum Ausdruck, und das kann auch nicht anders sein. Im »vergesellschafteten« Menschen stellen nämlich *die menschliche*

---

[54] Ebd.: 603.

[55] Oder zumindest sollte es so sein.

Gattung und das Individuum auch in dieser Hinsicht eine realisierte *Einheit* dar. Jedes Individuum repräsentiert die Gattung, und die Gattung ist in jedem Individuum repräsentiert. *Die Bedürfnisse des »vergesellschafteten« Menschen* entscheiden über die Produktion – und das bedeutet, dass *die Gattung Mensch selber disponiert.*

Um uns nach Hegelianerart auszudrücken: Die Sphäre des »objektiven Geistes« wird in der Marxschen Gesellschaft der »assoziierten Produzenten« zunichte. Dort gibt es kein Rechtssystem, keine Institutionen, keine Politik. Was von der Sphäre des »objektiven Geistes« der Klassengesellschaften übrigbleibt, wird ebenfalls in die Sphäre des »absoluten Geistes« erhoben. Denn selbstverständlich sind nicht nur jene Betätigungen und Objektivationen »gattungsmäßig für sich«, die es bereits in den Klassengesellschaften (wenn auch in entfremdeter Form) waren, wie etwa die Kunst oder die Philosophie. Gattungsmäßig für sich werden auch die Moral und *jede menschliche Beziehung.* Um die Hegelsche Analogie weiterzuführen: Der »Weltgeist« wird sich nicht nur in Kunst und Philosophie erkennen, sondern in jeglicher menschlicher Beziehung auch, ist doch jedes Individuum Repräsentant der bewusstgewordenen und realisierten Gattungsmäßigkeit, das in jedem anderen Menschen den Repräsentanten der realisierten Gattungsmäßigkeit erkennt und sich zu ihm als solchem in Beziehung stellt. Sehr schön drückt das Marx in der *Heiligen Familie* aus, über die Zukunftsmoral sprechend: »Schon Plato hat die Einsicht besessen, dass das *Gesetz* einseitig sein und von der Individualität abstrahieren *muss.* Unter *menschlichen* Verhältnissen dagegen wird die Strafe *wirklich* nichts anderes sein als *das Urteil des Fehlenden über sich selbst*. Man wird ihn nicht überreden wollen, das eine *äußere,* ihm von andern angetane Gewalt eine Gewalt sei, die er sich selbst angetan habe. In den *andern* Menschen wird er vielmehr die *natürlichen Erlöser* von der Strafe finden, die er über sich selbst verhängt hat, d.h. das Verhältnis wird sich geradezu umkehren.«[56] In einem Gedankenexperiment stellte sich Kant die »ideale Gesellschaft« als solche vor, in der sich die Menschen einen Vertrag schließen, dass jedermann gemäß dem kategorischen Imperativ vorgehen wird: Dies ist, vom

[56] MEW 2: 190; Hervorh. z.T. Á.H.

Blickwinkel seiner eigenen Philosophie, freilich ein Widerspruch, schlägt doch im Fall eines »Vertrags« die Moral in Legalität um. In den Augen von Marx erscheint *dasselbe* Modell – zumindest von der philosophischen Seite – widerspruchslos gesetzt. Da jedes Individuum die Gattungsmäßigkeit für sich repräsentiert, ist es das *Bedürfnis* (in diesem Fall: moralisches Bedürfnis) jedes Individuum, auf dem Niveau der Gattungsmäßigkeit zu handeln. Daher kann er, wenn sich seine Partikularität gegen die Gattungsmäßigkeit vergeht, selbst bestrafen. Der Konflikt zwischen Moral und Legalität ist somit aufgehoben, da der *Gegensatz,* das *gegensätzliche Sein* von Moral und Legalität verschwindet (welcher, so Marx, sich nur in der Klassengesellschaft, in der Entfremdung konstituiert).

Das Verschwinden der Legalität und aller Institutionen bedeutet freilich nicht das Verschwinden der Objektivation schlechthin. Im Gegenteil. Im Kommunismus (in der positiven Aufhebung des Privateigentums) setzt sich erst recht der individuelle Besitz. Man erinnere sich: Die Bedürfnisse sind immer auf Gegenstände gerichtet. Diese Objektivationen sind aber alle für sich seiende – die Sphäre der Produktion ausgenommen, die an-und-für-sich-seiend ist. Da wir nunmehr nicht von materiellen, sondern von »außerhalb diesen stehenden« Bedürfnissen sprechen können, gehört außerdem jede Objektivation dem Reich des »absoluten Geistes« an. Die nichtmateriellen Bedürfnisse sind daher alle auf den »absoluten Geist«, auf dessen Objektivationen, dessen Gegenstände auf die Bereitstellung dieser Gegenstände gerichtet.

Deshalb hat in der »Gesellschaft der assoziierten Produzenten« innerhalb des Bedürfnissystems der Menschen das Bedürfnis für »Freizeit«, für »Zeit für Muße« eine so führende Rolle.[57] Ferner spielt unter den Freizeitbetätigungen die künstlerische Betätigung genau deshalb eine führende Rolle, und zwar in den Werken aus *allen* schöpferischen Perioden von Marx. Die künstlerische Betäti-

[57] »Zeit für Muße« ist nicht vollständig synonym mit »Freizeit«. Letzteres lässt sich nämlich als negativer Begriff interpretieren (Freiheit von der Arbeit). Für Marx ist aber die Freizeit »Zeit für Muße«, eine eindeutige positive Kategorie, die für echt menschliche, hochstehende Betätigung – für freie Betätigungen – aufgebrachte Zeit.

gung, die bereits im Zeitalter der Klassengesellschaften auf Objektivationen »für sich« bezogen ist und solche hervorbringt, ist das einfachste und einleuchtendste Beispiel dafür, was Marxens Anliegen ist: dass nämlich das Bedürfnis für gattungsmäßige Objektivationen *für sich* das *wahre menschliche* Bedürfnis des Menschen der »Gesellschaft der assoziierten Produzenten« ist.

Die Bedürfnisse für Objektivationen (bzw. Gegenstände) für sich sind rein *qualitative,* nicht quantifizierbare Bedürfnisse; des Weiteren sind sie stets *Zweckbedürfnisse*. Wir berufen uns auf die Formulierung im dritten Band des *Kapital:* Über die Produktion hinaus »beginnt die *menschliche Kraftentwicklung,* die sich als *Selbstzweck* gilt, das wahre *Reich der* Freiheit«.[58] In den auf Objektivationen für sich ausgerichteten Betätigungen entfaltet sich der wahre *Reichtum* des Menschen, eine Universalität der Bedürfnisse und Fähigkeiten, die qualitativ verschiedene und (nicht quantifizierbare) Bedürfnisse befriedigt: »Wealth is disposable time, and nothing more.«[59]

Der für-sich-seiende-Gegenstand der Bedürfnisse kann, wie bereits gesagt, nicht nur eine Objektivation, er kann auch *der andere Mensch* sein. Man erinnere sich an die *ökonomisch-philosophischen Manuskripte:* Der vergesellschaftete Mensch verwirklicht in seinen menschlichen Beziehungen Qualität stets, indem er sie als Zweck setzt, der reiche Mensch ist der an menschlichen Beziehungen reiche Mensch. Die diesbezüglich sich stellende Frage ist folgende: Bedeutet das den Menschen betreffende Bedürfnis gleichzeitig auch *das Bedürfnis für die Gemeinschaft* oder nicht?

Diese Frage ist nicht nur in Bezug auf das Bedürfnissystem bedeutsam (obwohl sie es auch diesbezüglich ist), sondern auch hinsichtlich des gesamten *gesellschaftlichen* Modells. Davon war nämlich bereits die Rede, dass es in der Vorstellung von Marx in der »Gesellschaft der assoziierten Produzenten« keinen Platz für den »objektiven Geist«, für das Institutionssystem gibt. Soll das aber auch bedeuten, dass es für die *menschliche Integration* schlechthin keinen Platz gibt bzw. dass die einzige Integration die Menschheit selbst ist?

---

58 MEW 25: 828; Hervorh. Á.H.

59 Aus der Broschüre Source and Remedy, der Theorien über den Mehrwert.

Selbstverständlich hat die Gemeinschaft (auch die kleine) in der Marxschen Konzeption nur dann Berechtigung, sie ist nur dann relevant, wenn sie als unmittelbare Erscheinungsform der Gattungsmäßigkeit für sich erscheint, wenn sie also gattungsmäßige Objektivation für sich ist. Es gibt kein Interesse, auch keinen Gegensatz der Interessen, daher kann die Gemeinschaft – ebenso wie das Individuum – nur ein *unmittelbarer* Ausdruck der Gattungsmäßigkeit sein. Spielt also in diesem, und ausschließlich in diesem Sinn die Gemeinschaft (und das Gemeinschaftsbedürfnis) eine Rolle in dem Modell von Marx für die »Gesellschaft der assoziierten Produzenten«?

In der Konzeption des jungen Marx erscheint die Gemeinschaft bzw. das Gemeinschaftsbedürfnis zweifellos als eines der *Leitmotive.* Man erinnere sich an seinen Gedankengang über die Zusammenkünfte der kommunistischen Arbeiter: »Aber zugleich eignen sie sich dadurch ein *neues Bedürfnis,* das *Bedürfnis der Gesellschaft* an, und was als Mittel erscheint, ist zum Zweck geworden.«[60] Und ebendort heißt es auch: »[O]bgleich die *gemeinschaftliche* Tätigkeit und der *gemeinschaftliche* Genuss, d.h. die Tätigkeit und der Genuss, die *unmittelbar* in *wirklicher Gesellschaft* mit andren Menschen sich äußert und bestätigt, überall da stattfinden werden, wo jener *unmittelbare* Ausdruck der Gesellschaftlichkeit im Wesen ihres Inhalt begründet und seiner Natur angemessen ist.«[61] Oder: »Ebenso sind die Sinne und der Genuss *der andren Menschen* meine *eigne* Aneignung geworden. Außer diesen unmittelbaren Organen bilden sich daher *gesellschaftliche* Organe in der *Form* der Gesellschaft, also z.B. die Tätigkeit *unmittelbar in Gesellschaft mit andren* etc. ist ein Organ meiner *Lebensäußerung* geworden und eine Weise der Aneignung des *menschlichen* Lebens.«[62] Das »allgemeine Bewusstsein«, die Reflexion, die Theorie und das Denken, die Philosophie müssen eben diesem auf Gemeinschaften basierten Sein *entwachsen* und nicht nachträglich die »Massen eingreifen«: »Mein *allgemeines* Bewusstsein ist nur die

[60] MEW 40: 553; Hervorh. Á.H.

[61] Ebd.: 538.

[62] Ebd.: 540; Hervorh. z.T. Á.H.

theoretische Gestalt dessen, wovon das *reelle* Gemeinwesen, gesellschaftliche Wesen, die *lebendige* Gestalt ist, während heutzutag *das allgemeine* Bewusstsein eine Abstraktion vom wirklichen Leben ist und als solche ihm feindlich gegenübertritt.«[63] Deshalb konnte ich früher erklären, dass laut Vorstellungen von Marx nicht jede Philosophie im Kommunismus aufhören wird, sondern nur diejenige, die das Gattungsmäßige mit dem Partikularen, das Wesen mit der Erscheinung kontrastiert, jene Philosophie, die auf sich realisierende Werte aufbaut. Vielmehr scheint die *Gesellschaftswissenschaft* in dieser Konzeption aufzuhören. Es wird ja keinen Fetischismus mehr geben, Wesen und Erscheinung werden sich in der Gesellschaft überdecken, weshalb die Gesellschaftswissenschaft, die eben auf dem Boden des *Gegensatzes* von Wesen und Erscheinung zustande kommt (ebendieser Gegensatz macht ihr Zustandekommen notwendig), im Kommunismus laut Marxens Vorstellungen in der Tat überflüssig wird.

Der in den Frühwerken recht zentrale Gedanke der Gemeinschaft bzw. des Bedürfnisses für Gesellschaft rückt in den späteren Werken verhältnismäßig in den Hintergrund. Hierfür könnten wir verschiedene Gründe angeben. Vor allem erhält die Kritik an den Gemeinschaften der naturgegebenen Gesellschaften, deren »Borniertheit« einen zentralen Platz. Allerdings, wo Marx – auch in seinen Frühwerken – von Gemeinschaften spricht, denkt er an ganz andere als die »naturgegebenen Gemeinschaften«. Er fasste die Gemeinschaften der Zukunft als *frei gewählte,* aus Individuen sich zusammenschließende Gemeinschaften auf, als »rein gesellschaftliche« Beziehungen, ein Ergebnis der Zurückweichung der Naturschranken. Da er sich aber immer intensiver der Analyse der kapitalistischen Entwicklung als entfremdeter *Entwicklung* zuwandte, erhielt der *positive* Zug immer größeren Nachdruck, den der Kapitalismus u.a. durch die Auflösung der Gemeinschaften bewirkte. Doch haben wir Grund, auch an einen anderen Faktor zu denken, nämlich, dass für Marx das Vorhandensein von Gemeinschaften in der Zukunftsgesellschaft derart *selbstverständlich* erschien, dass er nicht die Notwendigkeit empfand, dies separat zu erörtern. Wie oft erwähnt er die Gesellschaft

---

63 Ebd.: 538.

der Zukunft als »genossenschaftliche Gesellschaft«: In dieselbe Richtung weist auch die Tatsache hin, dass das Vorhandensein der »Gemeinschaft« und das »Bedürfnis der Gemeinschaft« in seinen Analysen zwar in der Tat in den Hintergrund rücken, diese an den wenigen Stellen, wo von ihnen dennoch die Rede ist, als durchaus »natürliche« Perspektive erscheinen. So etwa im dritten Band des *Kapital;* es handelt davon, welche die Keime der Zukunft in der Gegenwart sind, und diesbezüglich kommt er auf die Owenschen Kooperativ-Fabriken zu sprechen: »Die Kooperativfabriken der Arbeiter selbst sind, *innerhalb der alten Form, das erste Durchbrechen der alten Form* [...] Die kapitalistischen Aktienunternehmungen sind ebenso sehr wie die Kooperativfabriken als *Übergangsformen* aus der kapitalistischen Produktionsweise in die assoziierte zu betrachten, nur dass in den einen der *Gegensatz negativ* und in den andren *positiv aufgehoben* ist.«[64] 1881, im Entwurf des Briefes an Wera Sassulitsch, äußert sich Marx noch eindeutiger und sehr allgemeingültig. Die russische Dorfgemeinde »findet den Kapitalismus in einer Krise, die erst mit seiner Abschaffung, *mit der Rückkehr der modernen Gesellschaften* zum ›archaischen‹ Typus des Gemeineigentumsenden wird, oder, wie ein amerikanischer Autor [...] es sagt – das neue System, zu dem die moderne Gesellschaft tendiert, ›wird eine Wiedergeburt (a revival) des archaischen Gesellschaftstypus in einer höheren Form (in a superior form) sein‹. Man darf sich nur nicht allzu sehr von dem Wert ›archaisch‹ erschrecken lassen.«[65] Sodann, erörternd, worin sich die Gemeinschaften der Zukunft von den tatsächlich archaischen unterscheiden werden, erwähnt er an erster Stelle, dass die ersteren nicht auf *Blutsverwandtschaft* beruhen. Diese Konzeption unterscheidet sich aber in nichts vom Gedankengang Engels', der in seinem 1845 entstandenen Artikel *Beschreibung der in neuer Zeit entstandenen und noch bestehenden kommunistischen Ansiedlungen* begeistert über die *religiösen* Kommunen in den Vereinigten Staaten berichtet und sich die Voraussage gestattet, bald würde dort diese Form überhand nehmen.[66] Marx ängstigte sich deshalb vor der

---

[64] MEW 25: 456; Hervorh. Á.H.

[65] MEW 19: 386; Hervorh. Á.H.

[66] MEW 2: 521f.

Auflösung der bestehenden Gemeinden, weil er diese als Keime der im Kommunismus *allgemein* werdenden Verkehrsform bzw. Integration erkannte und schätzte.

In der Vorstellung von Marx ist also das *Alltagsleben* des Menschen der Zukunftsgesellschaft *nicht* um die produktive Arbeit herum aufgebaut. Die produktive Arbeit nimmt innerhalb der alltäglichen Lebensbetätigungen einen untergeordneten Platz ein; das Organisationszentrum des Lebens werden jene Betätigungen und menschlichen Beziehungen darstellen, die *gattungsmäßig für sich* sind. *Die auf diese gerichteten Bedürfnisse (die qualitativen Zweckbedürfnisse) werden die primären Bedürfnisse der Menschen sein, diese werden ihre einmalige Individualität konstituieren, und ebendiese werden auch die Bedürfnisse für materielle Güter einschränken.* Auf diese Weise konstituiert sich die »tiefsinnige«, an Bedürfnissen reiche Persönlichkeit.

Marx betrachtete diesen Wandel der Bedürfnisstruktur für derart »natürlich« und »selbstverständlich«, er rechnet so wenig mit Konflikten, dass wir es berechtigt wiederholen: So sehr auch die Umwandlung des *Seins* bei ihm das Ausschlaggebende ist, finden sich in seiner Konzeption nicht wenig aufklärerische Momente. Doch wenn man auch die jahrhundertelang *aktuellen* Konflikte und Probleme des »Übergangs« – so relevant für uns – in seinem »reinen« Modell vergebens sucht, hat dieses »reine Modell« seine entscheidende Bedeutung nicht – auch für uns nicht – verloren.

Stolz sprach Engels über die Entwicklung des Sozialismus von der Utopie bis zur Wissenschaft. Heute lässt es sich nicht mehr leugnen, dass diese Wissenschaft nicht wenig utopistische Elemente enthielt. Doch, wie Ernst Bloch treffend sagte, gibt es fruchtbare und unfruchtbare Utopien. Und was in den Vorstellungen von Marx über die »Gesellschaft der assoziierten Produzenten«, das Bedürfnissystem der vereinigten Individuen in Bezug auf *unsere eigenen Handlungsmöglichkeiten* in so mancher Hinsicht utopistisch ist, ist *nichtsdestoweniger fruchtbar.* Es stellt eine Norm auf, an der wir die Realität unserer Vorstellungen, ihren Wert messen können, an der wir die Beschränktheit unserer Handlungen feststellen können, die das schönste Bestreben der reifen Menschheit ausdrückt, welche, als Bestreben, zu unserem Sein gehört.

Über Ágnes Heller

Am 12. Mai 1929 in Budapest geboren und in einem jüdischen Elternhaus aufgewachsen, musste Ágnes Heller nach der Machtübernahme der faschistischen Pfeilkreuzler 1944 in Ungarn gemeinsam mit ihrer Mutter immer wieder vor den Nazis fliehen, entging jedoch Deportation und Ermordung – im Unterschied zu ihrem Vater, der in Auschwitz ermordet wurde.

1947 begann sie an der Universität Budapest ein Studium der Physik und Chemie, wechselte unter dem Eindruck einer Vorlesung des marxistischen Philosophen Georg Lukács das Studienfach und begann, Philosophie zu studieren. 1955 wurde sie von Lukács promoviert und schließlich seine Assistentin. Nach der Niederschlagung des ungarischen Volksaufstands im Jahr 1956 ging sie auf kritische Distanz zum System. Ágnes Heller wurde aus der Partei ausgeschlossen, Berufs- und Schreibverbot folgten. Im Jahr 1965 überlistete sie die politische Aufsicht und fuhr zur Sommeruniversität der jugoslawischen Praxis-Gruppe auf der kroatischen Insel Korcula, wo sie sich in die Debatten kritischer Denker und Marxisten einmischte. Dort protestierten sie und ihre Freunde von der »Budapester Schule« (u.a. Ferenc Fehér, Mihály Vajda, Maria und György Márkus, Andras Hegedüs) 1968 offen gegen den Einmarsch der Sowjetarmee in die Tschechoslowakei.

Weitere kritische Interventionen führten schließlich 1973 zu ihrer akademischen Maßregelung, im Jahr 1977 emigrierte sie mit ihrem Mann Ferenc Fehér (1933–1994) nach Australien und lehrte in Melbourne Soziologie. 1986 wurde sie auf den Hannah-Arendt-Lehrstuhl an der Philosophiefakultät der New School for Social Research in New York berufen.

Bereits in frühen Publikationen wandte sich Ágnes Heller in Anlehnung an die Arbeiten von Georg Lukács vernachlässigten Themen marxistischer vor allem aber »marxistischer-leninistischer« Theorie zu. In ihrem Essay »Hypothese über eine marxistische Theorie der Werte« zitierte sie eine Passage aus dem »Grundrisse«-Manuskript von Marx: »Was ist der Reichtum andres, als die im universellen Austausch erzeugte Universalität der Bedürfnisse, Fähigkeiten, Genüsse, Produktivkräfte etc. der Individuen?« Der Beantwortung dieser Frage widmete sie zahlreiche Studien und Veröffentlichungen, die betont politisch waren.

Es entwickelte sich damals eine intensive publizistische Zusammenarbeit mit dem VSA: Verlag und der Zeitschrift Sozialismus. 1976 beziehungsweise 1980 erschien die Erstausgabe des vorliegenden Buches, 1977 »Instinkt, Aggression, Charakter«, 1978 »Philosophie des linken Radikalismus«, 1980 »Theorie der Gefühle« sowie 1981 »Das Leben ändern«. In diese Zeit fällt auch eine intensivere Auseinandersetzung mit den Gründen des beginnenden Niedergangs der realsozialistischen Länder, die deutsche Übersetzung der umfangreichen gemeinsam mit Ferenc Fehér und György Márkus verfassten Studie »Der sowjetische Weg. Bedürfnisdiktatur und entfremdeter Alltag« erschien 1983 im VSA: Verlag. Im Vorwort notierten die Autoren »Unsere Hoffnungen richten sich darauf, dass nach dem Zusammenbruch oder der radikalen Veränderung des sowjetischen Unterdrückungsregimes auch die lateinamerikanischen, asiatischen und afrikanischen [...] Diktaturen untergehen werden, während sich die westlichen Demokratien in die Richtung wirklicher Demokratie, also in sozialistischer Richtung radikalisieren. [...] Wir betonen die Überzeugung, dass die Welt nicht weniger, sondern mehr Sozialismus braucht, als sie heute hat.«

Nach ihrer Emeritierung pendelte Ágnes Heller halbjährlich zwischen New York und Budapest. Sie argumentierte in ihren späten Schriften – unter anderem in ihrer Autobiografie »Der Affe auf dem Fahrrad: Eine Lebensgeschichte« (1997 bei Philo Fine Arts) – differenzierter als 1983, gleichwohl hat sie sich als Verteidigerin progressiver demokratischer Werte immer wieder zu Wort gemeldet, Kontroversen nie gescheut. Als Viktor Orbán 2010 wiedergewählt wurde, war sie es, die ihre Stimme erhob – bei Demonstrationen, in Vorträgen und gegenüber den Medien. Ihre entschiedene Gegnerschaft zu seiner Regierung hatte sie noch im Frühjahr 2019 in dem Buch »Paradox Europa« (Edition Konturen) verdichtet, das die europäische Krise analysiert. Am 19. Juli 2019 ist sie im Alter von 90 Jahren laut Augenzeugen in den Plattensee hinausgeschwommen und nicht mehr zurückgekehrt.

VSA: Verlag Hamburg